U0940596

"全民科学素质提升" 丛书

南京市科学技术协会　组织编写

丛书主编　曹福亮

奇妙科学伴成长

青少年科学素质提升手册

董淑亮　董瑶　著

南京出版传媒集团
南京出版社

图书在版编目（CIP）数据

奇妙科学伴成长：青少年科学素质提升手册 / 董淑亮，董瑶著. -- 南京：南京出版社，2023.3

ISBN 978-7-5533-4135-4

Ⅰ. ①奇… Ⅱ. ①董… ②董… Ⅲ. ①科学知识 – 青少年读物 Ⅳ. ①Z228.2

中国国家版本馆CIP数据核字（2023）第023061号

从 书 名 “全民科学素质提升”丛书
书　　名 奇妙科学伴成长——青少年科学素质提升手册
作　　者 董淑亮　董　瑶
出版发行 南京出版传媒集团
南 京 出 版 社

社址：南京市太平门街53号　邮编：210016
网址：http://www.njcbs.cn　电子信箱：njcbs1988@163.com
联系电话：025-83283893、83283864（营销）　025-83112257（编务）

出 版 人 项晓宁
出 品 人 卢海鸣
责任编辑 刘　娟
装帧设计 石　慧
责任印制 杨福彬

排　　版 南京新华丰制版有限公司
印　　刷 南京凯德印刷有限公司
开　　本 787 毫米×1092 毫米　1/16
印　　张 15
字　　数 210千
版　　次 2023年3月第 1 版
印　　次 2023年3月第 1 次印刷
书　　号 ISBN 978-7-5533-4135-4
定　　价 48.00 元

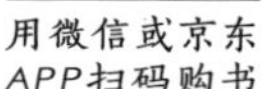
用微信或京东APP扫码购书

用淘宝APP扫码购书

·总　序·

党和国家高度重视科普和科学素质建设。党的十八大以来，习近平总书记多次就科普和科学素质建设作出重要论述，形成了“科技创新、科学普及是实现创新发展的两翼，要把科学普及放在与科技创新同等重要的位置”——“两翼理论”，为科学素质建设提供了根本遵循。2021 年 6 月，国务院印发《全民科学素质行动规划纲要（2021—2035 年）》，为把科普和科学素质建设事业引向深入奠定了坚实基础。

科普是科技生产力的建设范畴，是实现科技自立自强的必然要求。当今世界，信息、生命、制造、能源、空间、海洋等原创突破为前沿技术、颠覆性技术提供了更多创新源泉，科学技术从来没有像今天这样深刻影响着人民生活福祉，科学技术发展需要广泛的公众理解和积极的社会参与。

科普是科学文化的建设领域，是提高社会文明程度的重要方法。科普及其所蕴含的科学精神的弘扬、科学思想的传播、科学方法的倡导，是科学实现其社会文化职能的重要形式，对于中华传统文化创造性转化、创新性发展有着积极的促进作用。

科普是全社会的共同任务，是提升人的科学素质的重要路径。科普涉及科技成果转化提炼、传播、消化吸收等诸多环节，是社会公益性事业。实施科学技术的教育、传播和普及，提高全民科学素质，形成学科学、用科学良好风尚，需要全社会共同努力。

科普是南京建设人民满意的社会主义现代化典范城市的必然选择。建设典范城市需要大力培育城市创新文化，营造鼓励创新、宽容失败的社会氛围。普及科学知识、弘扬科学精神，有利于形成创新创造的人文社会基础。

科普的重点在基层、难点在社区。提高基层科普专兼职工作者的职业素养，以重点人群科学素质带动全民科学素质增强是今后相当长一段时期科普工作的重点。为将全民科学素质建设任务落到实处，南京市科协组织编写了“全民科学素质提升”系列丛书。

本套丛书采用“1+5”的体例，共6种图书。其中“1”，主要是针对基层社区科普专兼职工作者，以培训提高他们的职业素养为目的；“5”，则是针对青少年、农民、老年人等5类重点人群，这5类人群在全民科学素质建设中起着至关重要的作用。本套丛书有一个鲜明的特点，即深度挖掘、服务中心、贴近基层。丛书深度挖掘了科普工作的特点和规律，彰显了科普在经济、政治、文化、社会和生态文明建设方面的价值，丰富了新发展阶段科普事业发展的内涵；丛书围绕“双减”“乡村振兴”“新时代文明实践中心”“基层治理体系和治理能力”等党和政府关心的重点工作谋篇布局、解答问题；丛书立足南京基层案例，着眼解决现实工作中急需解决的一些现实问题。相信本套丛书一经面世，必将产生积极的社会影响。

应邀为本套丛书写序我感到非常高兴。我曾长期在高校教育科研一线工作，深知科研成果转化之难，也深知将科研成果转化为可资应用的科普资源的不易。促进科技成果转化为现实生产力，促进公众对科学的理解，科学家群体责无旁贷。我结合实际，将一些对科普和科学素质建设的认识和感悟写下来，并以此为序，不当之处，敬请读者朋友批评指正。衷心希望本套丛书能为繁荣南京科普创作事业、提高全民科学素质增砖添瓦。

中国工程院院士
南京市科协副主席
南京林业大学原校长

让科学之光照亮生活

——写在前面的话

科学是什么？

其实，它并不神秘。不论是广义上的科学，还是狭义上的科学，有一点是人们广泛认同的：“科学技术是第一生产力。”它推动了人类社会日新月异、翻天覆地的变化，像一盏明灯，照亮人类生活，从洞穴棚居走向深海太空，从黑暗走向光明……

科学最宝贵的价值，不是科学知识本身，也不是带来的物质上的利益，而是启发人类学科学、爱科学和用科学，传承科学的思想、科学的方法和科学的精神，推动人类社会不断进步！

基于这样的想法，我们为青少年读者编写了这本科普书，包括四个部分内容。

《科学家精神》主要讲述牛顿、爱迪生、袁隆平、南仁东等大名鼎鼎的科学家的故事。这些科学家既具有专业的科学素养，又有百折

不挠的坚强毅力。他们的成就伴随着艰辛曲折，他们的故事热血励志，他们的精神如永恒的灯塔，为青少年指引科学的航向。

《科技新知》直面日新月异的时代，从层出不穷的新科技中，精选了一些青少年需要了解的前沿科技，如量子通信、磁悬浮技术、3D打印、核能、太空育种等，为青少年打开科学之窗，帮助青少年开阔眼界，初步了解这些高新技术如何颠覆我们的认知并改变着我们的生活。

《科学观察员》想要告诉大家，大自然是人类的老师。在人类漫长的进化史上，人类从蜜蜂、蝴蝶、长颈鹿、响尾蛇、壁虎、水母等动物身上模仿和学习，获得一些发明创造的灵感，最终诞生了一系列重要发明成果。

《影响世界的发明发现》从人类5000年文明史中，选取造纸、船、X射线、电视、计算机等人类伟大的发明发现故事，揭示这些重要事件的“前世今生”，启迪青少年朋友从中掌握发明发现的规律。

剥开科学的神秘外壳，露出坚硬闪光的内核，展现在眼前的是夺目的灯盏，帮助我们欣赏科学的魅力，探究生活中无穷的奥秘。

打开这本书，你会发现科学真奇妙！

目 录

第1章
科学家精神

第 2 章

科技新知

第3章

科学观察员

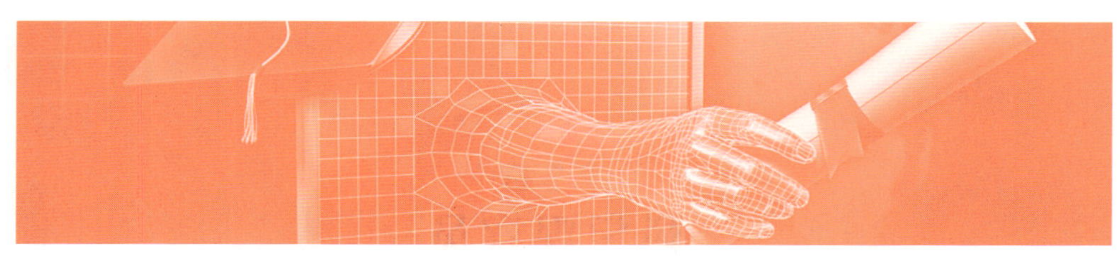

第4章
影响世界的发明发现

第1章

科学家精神

在真理的道路上看得更远

——伽利略

为了让眼睛看得更远，人们发明了望远镜，把远方的物体“拉”近，看到了皎洁的月亮也有阴暗的“缺陷”，看到烟波浩渺的银河里没有“水”，只有一颗颗小星星，从而彻底改变人类对宇宙的认知。望远镜在诞生后的漫长时光里，是在渐渐“长大”的，有的科学家还“为伊消得人憔悴”……人们熟知的伽利略又是怎样对天体进行观察的呢?

从古至今，人类不仅喜欢“登高望远”，而且总是睁大好奇的眼睛，渴望对外面的世界多一些了解，既想看得更远，又想看得更清……

伽利略就是这众多“想看得更清更远”的人们中的一员，想在真理的道路上看得更远!

在他那极富传奇的一生中，有许多科学故事，代代相传，家喻户晓。

自学之路

伽利略天资聪慧，自幼学习成绩优异。17岁那年，伽利略考进了著名的比萨大学，按照父亲的意愿当了医科学生。然而，他对医学没有多大兴趣，经常“逃课”，即使上课了，也经常对教授们教课的内容提出这样或那样的质疑，教授们往往被问得张口结舌，十分难堪。在教授们的眼里，伽利略是个不讨人喜欢的“坏学生”。其实，根本的原因是伽利略对医学不感兴趣呀！

在读大学时，伽利略因为对科学的一些不同见解，被校方以“不遵守学校制度，不服从学校管理”为由取消了奖学金。

1585年，伽利略在没有取得大学文凭的情况下，离开了大学，让他的父亲非常失望。

“对不起，爸爸，我辜负了您的希望，可是，我喜欢数学和物理。我真的讨厌医学。”

父亲默然无言。

失学在家的伽利略一边帮助父亲料理布店，一边坚持自学数学和物理，专心研究欧几里得的几何学与阿基米德的物理学，直到发明了比重秤才赢得了一些声誉。

1589年，25岁的伽利略如愿以偿地进入比萨大学当数学老师，而当时数学教授薪金是医学教授的1/30。可是，他对数学及物理学仍然深爱不移。

敢于挑战权威

伽利略是一位勇于开拓、敢于挑战权威的科学家。

1590 年，对伽利略来说，是最不寻常的一年。

当时的科学界有接二连三的错误谬论一直萦绕着他，使他陷入深深的痛苦之中。比如，亚里士多德得出了一个结论：物体下落的快慢和它的重量成正比。多少年来，人们一直把这个违背自然规律的学说，当作一个“颠扑不破”的真理，没有人敢怀疑它。

年轻的伽利略对亚里士多德的论断，提出了怀疑，大胆地对他的学说表示否定：“如果两个不同重量的物体同时从空中落下，两者将会同时落地。”

这个观点遭到那些权威们的耻笑：“只有傻子才这么认为。”还有人说：“千百年来，先贤们都没有否定的事儿，他要否定，莫非他比我们的先贤还要更胜一筹？真是太自不量力了。”各种各样的冷嘲热讽一起向伽利略袭来。

于是，伽利略决定在比萨斜塔上公开做一次实验，让人们亲眼看一看究竟谁对谁错。

在一个阳光明媚的早晨，那些权威和教授们排着整齐的队伍来到塔前，个个都摆出一副盛气凌人的架势。前来观看的人很多，大家议论纷纷。有不少人是来看伽利略笑话的。

太阳渐渐地升高，只见伽利略迎着朝阳，一步一步地登上了比萨斜塔第七层的阳台。当他看见塔下那熙熙攘攘的人群时，他将身子从阳台上探出，大声地喊道：

“大家看清楚，铁球就要落下去了。”

话音刚落，只听“咚”的一声，两只球同时落地。这时，塔下的人一阵骚动。

那些权威和教授们刚才的威风被一扫而尽，个个目瞪口呆……

伽利略在真理面前毫不退缩，他的实验终于发现了自由落体的秘密，推翻了亚里士多德的学说。

月亮不是光滑的

“地球在动。”伽利略本人也模糊地意识到这种现象，“可是，用什么办法观察和证明呢？”

正在威尼斯的伽利略从朋友的来信中得知，荷兰眼镜工匠汉斯·利伯希制造了望远镜。苦恼的伽利略从汉斯制造望远镜中得到了启发。于是，他用一段空管子，一头装凸透镜，一头装凹透镜，做成了一个很小的望远镜，最初只能放大3倍，之后经过不断改进，能放大30多倍。

有了这件“神器”，伽利略自信起来。

在威尼斯的圣马克广场的钟楼上，他请来了议长和一些议员，让他们依次登上钟楼，用他的望远镜观看大海。他们不仅看到了用肉眼无法看见的轮船，还看到了体积更小、速度更快的海鸥……

这次成功，给伽利略极大的鼓舞。

1609年的夏天，不肯安于现状的伽利略突发奇想，把镜头对准了宇宙空间，不顾疲劳和寒冷，夜复一夜地观察着，用望远镜发现了天体的许多奥秘。他用望远镜发现了月球表面的凹凸不平，并亲手绘制了第一幅月球表面图。

每当星光灿烂或是皓月当空的夜晚，伽利略便把他的望远镜瞄准深邃遥远的苍穹。伽利略沉浸在望远镜带来的喜悦中，沉醉在探索宇宙奥秘的兴奋中。

人们赞扬伽利略：“只要木星的光芒在天空闪耀，地球上的人就永远不会忘记伽利略！”

【科学链接】

★荷兰人汉斯发明了第一台望远镜，这是一根长约15厘米，直径约为3厘米的金属管，还有两块口径相当的凸透镜和凹透镜，一前一后地固定在金属管的两端。最初，汉斯发明的望远镜被荷兰执政当局“看中”的原因是它的军事价值，被迅速生产并装备部队。在随即爆发的益德兰海战中，数量处于劣势的荷兰舰队凭借望远镜的帮助击败了强大的西班牙舰队。

★1934年，紫金山天文台正式落成，安装了600毫米反射大赤道仪，是当时远东地区口径最大的望远镜。2009年12月，中国第一架近地天体望远镜在紫金山天文台盱眙观测站正式运行，它是我国最大的施密特望远镜，为小天体搜寻、探测立下了汗马功劳。

从新的角度看问题

牛顿

在科学史上以1687年牛顿出版《自然哲学之数学原理》为标志，经典力学诞生、近代物理学诞生。而此时，亚里士多德的《物理学》已经统治西方思想世界长达2000年左右。正如爱因斯坦所说：“提出新的问题、新的可能性，从新的角度看待旧的问题，却需要有创造性的想象力，而且标志着科学的真正进步。” 那么，牛顿为什么会有创造性的想象力呢?

在人类漫长的进化史上，人类总是通过创造性的想象力变得越来越聪明，而至关重要的是，人类认识事物、探索未知世界的过程中，又能勇于实践，大胆想象，在锲而不舍的努力中，一步一步地走向完善、

辉煌和成功。打开我们中小学教科书，“牛顿”就是这样的一位人物！这个不同凡响的名字会不止一次地跳入我们的眼帘，他的许多定律、发现等影响了人类的科学史！

哪有幸运的苹果

现在，我们看到天上的星星不掉下来，稍有物理学常识的人都知道是由于奇特的万有引力；可是，在几百年前，这是人们想都不敢想的事情，统治人们思想认识的宗教势力一直认为那是神的力量在起作用。

这一切都归功于科学家牛顿的伟大发现！然而，他的发现之路并非一马平川！关于他的逸闻趣事家喻户晓，譬如著名的苹果的故事！

据说，1666 年夏末一个温暖的傍晚，在英格兰林肯郡乌尔斯索普村，牛顿坐在一棵树下专心致志地读书。一个苹果从树上掉下来，打在 23 岁的牛顿的头上。

恰巧，他正在苦苦思索着“是什么力量使月球能保持在环绕地球运行的轨道上，以及使行星保持在其环绕太阳运行的轨道上”这个令人困惑的问题，灵感被这个历史上最著名的苹果一击飞溅出火花来：他找到了答案——就像苹果

会坠落到地上一样，是万有引力在起作用。

许多人由此会认为，牛顿是天下幸运的人，或者是什么圣人、天才。

事实并不是这样，天上从来不会无缘无故地掉下一个金苹果。他是一位遗腹子，一睁眼就没见过父亲一面；母亲改嫁，小牛顿寄人篱下，饱尝世态炎凉；他天资或许并不高，小学、中学的成绩也平平常常，还曾一度辍学；在母亲的心目中，他最好的出路就是长大了能当个种地的农民；他有过爱情的萌动，却没有结出甘甜的果实，而是一生未婚，孤独地漫步在人生的道路上……

科学，心灵的慰藉

1643 年 1 月 4 日，牛顿出生在英格兰林肯郡乡下的一个小村落乌尔斯索普村的乌尔斯索普庄园。牛顿出生前三个月，他的父亲就去世了。悲伤异常的母亲早产生下了瘦小的牛顿。

牛顿3岁的时候，母亲改嫁到邻村，成为一个牧师的妻子，留下了他与外祖母一起生活。郁郁寡欢的牛顿，在林肯郡乌尔斯索普庄园时，常常独自坐在果园里。

5岁开始，牛顿被送到公立学校读书。不过，少年牛顿并不是神童，非常平常，丝毫没有过人之处。唯一与众不同的是，他喜欢读书，喜欢在科学的海洋中遨游！

科学成了他幼小心灵的唯一慰藉！

闲暇时，他特别爱看一些介绍简单机械模型制作方法的读物。受书本的影响，牛顿自小就爱搞小制作，包括风车、木钟、折叠式提灯等。他还喜欢绘画、雕刻，特别喜欢刻日晷。家里的墙角、窗台上到处安放着他刻画的日晷，是他用来检验日影移动的最美的杰作。

也许正是童年的这些爱好，为日后牛顿自学成才播下了希望的种子。

树丛后的小书迷

时光就像白驹过隙，一晃眼，牛顿已经10岁。小牛顿不止一次在梦境里的呼唤终于成真——母亲回来了！

然而，母亲归来后并没有弥补丢失的亲情，却指望小牛顿能够为家里挣点钱。

小牛顿只是10岁的孩子呀！

他渴望和其他同龄的孩子一样，像海绵一样尽情地吸吮知识的雨露！

经不住他的念叨，母亲只好送他去上学。

得到来之不易学习机会的牛顿，如飞速旋转的陀螺，在知识的殿堂里一刻也不曾停歇。

12 岁时，牛顿进入格兰瑟姆中学，可是家境贫寒，母亲更希望他是一个农民，帮助家里种地。没办法，牛顿只好顺从母亲的意愿从学校退学。

这是 1659 年 10 月，牛顿在苦闷不解中回到了乌尔斯索普村，因为他再度守寡的母亲更需要他种地来养家糊口。

当农民的牛顿不可能快乐。不过，他干完农活后，还是手不释卷，甚至忘记了做活。

有一次，母亲叫他同用人一起上市场熟悉生意是怎么样交易的，可是牛顿说服用人一个人上街，自己躲到了树丛后看书，钻研数学问题。

后来，他的舅父发现牛顿非常刻苦好学，终于劝服了牛顿的母亲让他复学。

经历了失学之痛的牛顿，在学校更加珍惜时光，废寝忘食地学习，做了大量的读书笔记，并继续做自己喜欢的小实验。

苦尽甘来

1661 年 6 月，牛顿进入剑桥大学的三一学院，开始阅读一些笛卡尔等哲学家以及伽利略、哥白尼和开普勒等天文学家的著作，悄然踏上了科学研究的道路。

1665年，牛顿如愿获得期盼已久的学位。然而，一场可怕的鼠疫在伦敦无情地流行起来，牛顿所就读的剑桥大学为了防止学生受到传染，暂时放假。

回到故乡林肯郡的牛顿，看到孩子们正沉醉于“投石游戏”中：孩子们常常把一块小一点的石头放在稍大的石器中，然后用力打起转来，之后再把石头抛得远远的，看谁的石器转得圈子多又抛得远，而小石子并不掉出……

有时，牛顿还会看到：孩子们把一桶牛奶用力从头上转过，牛奶却一点儿也不洒落。

那精彩的表演就像杂技大师在表演“拿手好戏”呢！

“是什么力量使石器里的石头、水桶中的牛奶不飞出来？”

这个问题一直吸引着爱思考的牛顿。他从星星想到月亮，想到地球，想到茫茫宇宙……后来，他从孩子们的游戏中想到了引力问题。

他试着推算月地距离，但由于引用资料有误失败了。他并没有气馁，等到新测量的地球半径公布，牛顿立即利用新成果进行研究！

经过日日夜夜的反复计算和推测，他终于得出了举世闻名的“万有引力定律”——奠定了理论天文学和天体力学的基础！

1687年，牛顿出版了《自然哲学的数学原理》（通常称为《原理》）一书。

这一年牛顿 44 岁，应该说“成名较早”。

在这本书里，牛顿阐述了支配物体运动的三大定律和关于地球引力与宇宙的理论。

如果说，科学史是星空，那么，最耀眼的一颗明星一定是牛顿！

他对万有引力定律的发现可以说功绩卓越！

虽然说，其他科学家在这方面也做出了非常重要的贡献，但与牛顿相比，他们的观点和研究方法总存在某些缺陷，最终与跨时代的科学发现失之交臂。

牛顿的万有引力定律的发现，宣告了亚里士多德以来宗教势力宣扬的天上地下不同思想的彻底毁灭，使人类的思想认识有了一次大飞跃！

【科学链接】

★牛顿的万有引力定律可以通俗地表述如下：任何两个质点都存在通过其连心线方向上的相互吸引的力；该引力大小与它们质量的乘积成正比，与它们距离的平方成反比，与两物体的化学组成和其间介质种类无关。《万有引力定律》这篇重要的论文是艾萨克·牛顿于 1687 年在《自然哲学的数学原理》一书上发表的。

★根据万有引力定律的测定，地球质量大约为 5.965×10^{24}kg。但是，地球的质量越来越小。其中，大气逃逸是一个重要原因。科学家能够得出每年大气逃逸的质量，大约是75000公吨。与此同时，每年还有大量的小行星会撞击地球，每年大约增加15000公吨的质量。但幸运的是，植物光合作用、呼吸作用、火山爆发等，每年都还会不断对大气层进行补充。这样的话，大气层需要大约15.4万亿年才会完全消失。

对“光明”的痴求

爱迪生

电灯是用电作能源的人造照明用具，能将电转化为光。常见的电灯种类有白炽灯、荧光灯、LED 灯等。电灯改变了世界，也改变了人们的生活。在人类的发明史上，提起电灯，就永远也忘不了伟大的发明家爱迪生。人们永远也忘不了 1879 年 10 月 21 日，他通过长期的反复试验，终于点亮了世界上第一盏有实用价值的电灯。从此，他的名字就像他发明的电灯一样，走入千家万户……

如果说，火是自然赐予人类的温暖和光明，那么，灯的诞生，无疑是人类靠自己双手点亮的希望之光。从 18 世纪的煤油灯到瑞士人艾梅·阿尔甘发明的在夜间外出活动时可以手提的带柱状灯芯和玻璃罩的油灯，可以说，人们对油灯一直不断地进行改进，升高油池或者用一条细细的输油管连接灯头与油池。毋庸置疑，供油充足后，灯焰燃烧也更加旺盛。

时光转眼到了19世纪初，英国一位化学家用2000节电池和两根炭棒，制成世界上第一盏弧光灯。可是，这种灯光线太强，只能安装在街道或广场上，普通家庭无法使用。直到美国发明家爱迪生的出现，才改变了这一切……

就是这个“小傻子”

爱迪生是举世闻名的电学家和发明家，一生共有两千多项创造发明，如印刷机、留声机、电灯、电车、幻灯机、有声电影、发电机、电动机、蓄电机等。

他是全世界公认的“发明大王”。但是，很少有人知道，伟大的发明家却有着辛酸的童年，曾被老师讥讽为“傻子”。可就是这个“小傻子”，一直对知识的“光明”痴痴以求！

爱迪生7岁上学，功课并不好，满脑袋稀奇古怪的想法，老是爱问“为什么”，这让老师很烦。上学不到3个月，有一次，老师讲到2加2等于4，可是，爱迪生竟然问起来：

“老师，为什么2加2要等于4？”

老师一气之下把爱迪生赶回家：“爱迪生学习一点也不用功，他还老问2加2为什么等于4，实在太笨了，还是别上学吧！”

就这样，爱迪生仅仅读了三个月的书，就被老师斥为“低能儿”而撵出校门。

好伤心，神童的遭遇竟然那么惨！

那一抹“母爱之光”

回到家后，爱迪生的妈妈并没有放弃这个对知识的光明痴痴以求的“小傻子”，而是心甘情愿地做起了他的启蒙老师。知道儿子喜欢科学的妈妈还为小爱迪生专门买了一本《自然课本》。

兴奋的爱迪生把家中的地下室整理出来，买来瓶子、试管及其他的实验用品，对照书中讲的事儿做起了实验。正是这本书中的小实验点燃了他的实验激情，一本好书的作用真是太大了！

11 岁那年，爱迪生因生活所迫不得不到火车上做报童，但他对科学的那一份热爱却一点儿也没改。挣来的钱除了补贴家用外，都用来购买书籍和实验用品了。

怎么样，小神童就是这么“炼”成的！

在 16 岁到 21 岁的 5 年之中，为了寻找工作，他被迫离开故乡，到处流浪，经常过着饥寒交迫的生活。但只要有一点儿多余的钱，他马上就去买书和实验用品，从来没有停止对科学实验的追求和努力。

一生之中，爱迪生永远无法忘记心中那一份能够驱散苦难和黑暗的“母爱之光”。

他立志要把光明带到千家万户！

奇妙的“相遇”

1878年，爱迪生参加在巴黎举办的世界博览会，发明的留声机在会上夺得了发明奖，同时，俄国工程师雅布罗其科夫和拉德金发明的“电烛”也吸引了他的目光。

正是这次博览会上与电烛的相遇，促使爱迪生开始研制电灯。

爱迪生仔细阅读了有关“电烛”的资料，并收集相关的材料进行设计制造。为此，他吃在实验室、住在实验室，把实验室当作家了。

为了解决灯丝问题，他用木炭、硬炭、金属铂等做材料一一尝试，却最终失败了……

“你已经做了那么多次实验，试过1000多种材料，但是都失败了，难道你还认为你的实验能成功吗？”有个记者看着傻里傻气的爱迪生，带着嘲讽的口气问他。

“我的实验是失败了，但是至少证明这1000多种材料是不适合用作灯丝的。”爱迪生的回答令那位记者不好意思地低下了头。

当时，还有很多专家都认为电灯这种发明是没有前途的，有人说爱迪生在“干一件蠢事”，也有人说“爱迪生的理想已经成了泡影”！

“失败了100次，还有101次希望，我还要努力！”面对冷嘲热讽，爱迪生咬着牙发誓。

时间一天一天过去，爱迪生想要的灯丝仍然没有“露脸”。

一次，爱迪生的老朋友麦肯基来看望他，小坐之后，麦肯基起身告辞，爱迪生下意识地帮老人拉平身上的棉外套。

“棉线这种材料为什么不能试试用来做灯丝呢？”爱迪生突发奇想。

“什么？棉线能做电灯丝？”麦肯基听了一惊，立即解开外套，撕下一片棉线织成的布递给爱迪生。

爱迪生接过棉布，先是把抽出的棉线放在密封的坩埚里进行高温处理，再小心翼翼地把炭化的棉线装进灯泡里。待一切准备就绪后，他用颤抖的手接通电源。

奇迹发生了！

灯泡发出了柔和的金黄色光辉，把整个实验室照得亮堂堂的。

“亮了 45 小时，足足有 45 小时！”爱迪生欣喜若狂。

是的，这一天是 1879 年 10 月 21 日，是人类第一次发明有实用价值的电灯的日子。

可谁能知道，在这成功的背后，爱迪生为了寻找可以做灯丝的棉线曾经夜以继日地奋斗了 13 个月，试用了 6000 多种材料，做了 7000 多次试验啊！

不满足现状的爱迪生把实验室里的一把芭蕉扇边上缚着的一条竹丝撕成细丝，经碳化后做成了一根灯丝，通上电后，这种竹丝灯泡竟连续不断地亮了 1200 个小时！

这就是人类发展史上第一盏有真正意义的电灯——炭丝电灯。电灯终于成了人类不知疲倦的眼睛，至今仍忠诚地帮助我们看世界。

1931 年 10 月 18 日，84 岁的爱迪生与世长辞。当天晚上，数十家世界著名媒体的记者守候在他的身边，并每隔一个小时向世界发布一次消息："电灯还亮着。"直至爱迪生闭上眼睛，记者们才迅速把这个噩耗报告给人们："电灯熄灭了！"

而爱迪生发明电灯的这种不屈不挠的奋斗精神，也像一盏明灯，永远指引着我们在发明创造的道路上不断探索！

【科学链接】

★爱迪生从棉丝做成的炭丝中得到启发，决定从植物纤维中寻找新材料。凡是能找到的植物方面的材料，甚至连马的鬃、人的头发和胡子等材料都被爱迪生拿来当灯丝做了试验，仅实验笔记本就有 200 多本，共 4 万余页。

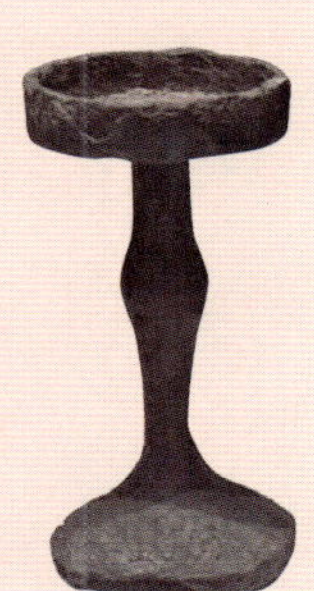

★春秋战国时，照明用的灯具开始出现。"豆"，原本是盛放实物的容器，后来作为照明工具使用。当时人们是用动物的脂肪炼制而成的油脂作为燃料，将油脂盛放在陶制的小碗里，放上一根灯芯，点燃照明。

踏平坎坷成大道

童第周

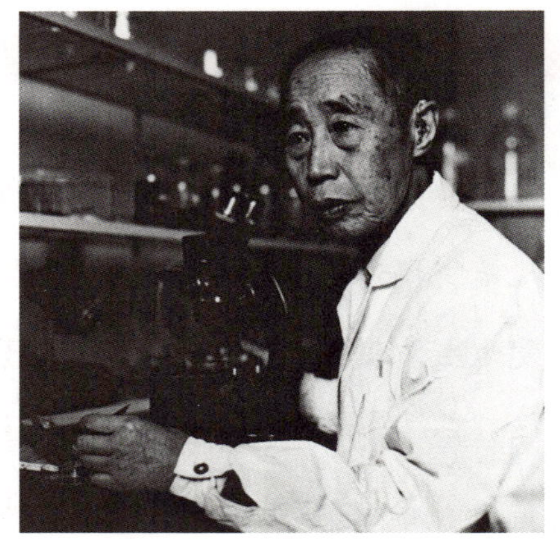

生物科学，对于社会结构乃至个人生活的影响切近而深远。提到生物科学就不得不提到我国卓越的生物学家童第周先生，他为中国生物学的发展做出过重要贡献。曾担任过中国科学院副院长、动物研究所所长的他，早在1963年时就用细胞核移植的方法培育出了克隆鱼。在将近50年的科学研究中，他一直从事实验胚胎学、细胞生物学和发育生物学等领域的研究，是中国实验胚胎学研究的创始人之一。他是如何在物质条件不好的情境下展开科学实验研究的呢？

据《大戴礼记·夏小正》记载，中国夏朝已有关于动物习性的记载。在河南安阳殷墓出土的蚕绢让我们知道早在公元前12世纪，中国已经掌握了驯养家蚕的技术。公元前11世纪，《诗经》上已经有了关于动植物的记载百余种。

斗转星移，中国人对于生物研究孜孜以求的精神流传了下来。童第周就是其中一位，他的一生都与“励志”“刻苦”这四个字分不开。

路灯下的身影

1902年5月，童第周出生在一方山清水秀、人才辈出的土地——浙江省宁波市鄞县（今鄞州区）塘溪镇童村。童第周考取省内有名的宁波效实中学成为高三年级插班生时，成绩是全班倒数第一。面对成绩单，童第周流下了伤心的泪水……

入学不久，童第周所在的寝室传出了“童第周不顾学习，经常谈恋爱到深夜”的绯闻，也引起了关心他的同学和老师的担忧。一天深夜，教数学的陈老师办完事情回到学校，发现在昏黄的路灯下有个瘦小的身影在晃动，心想：

“这么晚了，谁还不回寝室就寝呢？”

陈老师悄悄地走近一看，发现童第周正在借着路灯的光亮，认真地演算习题。老师疑惑地问他：

“这么晚了你怎么还不回寝室休息呢？”

“陈老师，我要抓紧时间把功课赶上去，我不要倒数第一名。”

望着童第周瘦小的身躯，陈老师还是关心地劝他早点回去休息。可是，走出不远，他发现童第周又站在另一盏路灯下捧着书本读了起来，老师被深深地感动了……

第二天，陈老师当着全班同学的面郑重地辟谣：“我明确地告诉大家，童第周是一个勤奋好学的人！凡事不要靠推测下结论，更不要用流言去中伤别人。……我亲眼看到童第周熄灯后还在昏暗的路灯下专心致志地演算习题。他太辛苦，太勤奋了！他值得全体同学学习！”最后，老师提高了嗓门，“不错，童第周曾经是全班成绩最差的，但一个人的成绩不能仅仅用一次考试分数来判定。衡量一个人的知识和能力，最终要看他如何走自己的奋斗之路！”

“我是中国人”

期末考试到了，童第周靠自己刻苦的努力，使各科成绩都达到了70分，其中几何得了满分，引起了全校的轰动。到了高三期末考试，他的总成绩名列全班第一。校长陈夏常无限感慨地说：“我当了多年校长，从来没有看到过进步这么快的学生！”

没有勤奋、刻苦，童第周不可能把倒数第一的成绩变成正数第一。

1927年，童第周毕业于复旦大学，后在南京中央大学生物系任教。1930年，童第周在亲友们的资助下，远渡重洋，来到北欧比利时的首都布鲁塞尔。在欧洲著名生物学者勃朗歇尔教授的指导下，研究胚胎学。当时，中国是弱国，外国留学生都瞧不起中国学生，有一个同房间的外国留学生公开说：“中国人太笨。”

听到这些，童第周压抑不住满腔的怒火，对那个外国留学生说：“这样吧，我们来比一比，你代表你的国家，我代表我的国家，看谁先取得博士学位。”童第周憋着一股气，在日记中写下了自己的誓言：“中国人不是笨人，应该拿出东西来，为我们的民族争光！”

一次，教授要求学生们设法把青蛙卵膜剥下来，这是一项难度很大的手术，青蛙卵只有小米粒大小，外面紧紧地包着三层像蛋白一样的软膜，卵小膜薄，许多人一剥开卵膜，就把青蛙卵也给撕破了。可是，在显微镜下，童第周先用一根钢针在卵上刺了一个小洞，于是胀得圆滚滚的青蛙卵马上就松弛下来，变成扁圆形的，他再用钢镊往两边轻轻一挑，青蛙卵的卵膜就从卵上顺利地脱落下来了。

童第周操作的实验干脆利落。

勃朗歇尔教授激动万分，这可是他搞了几年也没有搞成的项目啊！

他抑制不住内心的喜悦，连声称赞：“童第周真行！中国人真行！”

童第周剥除青蛙卵膜手术的成功，一下子震动了欧洲的生物界！

4 年后，比利时学术委员会决定授予童第周博士学位。在荣获学位的大会上，童第周激动地说：“我是中国人，有人说中国人笨，我获得了贵国的博士学位，至少可以说明中国人绝不比别人笨。”

这一年，童第周年仅 32 岁，是智慧和汗水换来的又一次成功。

科学史上的奇迹

1933 年底，他不顾日本侵略军即将发动全面侵华战争的危险，毅然放弃了在国外可以安心工作和生活的条件，于 1934 年底回国任山东大学生物系教授。抗日战争全面爆发后，童第周随学校内迁至四川万县。

当时，学校很难有研究所需的实验器材，这让童第周很是着急。一天，童第周和妻子去小镇上闲逛，“那不是我们需要的显微镜吗？”妻子惊奇地说道。童第周简直不敢相信自己的眼睛，他高兴地快要呼喊出来。

可是，两个人很快就又愁眉苦脸，因为那一架旧显微镜价格对于他们来说仍然是太贵了！夫妻俩翻遍了身上所有的口袋，仍旧没有凑够定金。接连几天，他们一趟又一趟地往旧货摊上跑，生怕心爱的显微镜被别人抢走。老板很不耐烦，后来干脆不理他们了。

他们到处向亲友借钱，还变卖了不少衣服，终于凑齐了钱，买回了这台显微镜。

有了做实验的显微镜，新的困难又找上门来。用显微镜时，必须要有灯光照明或者要有很明亮的阳光照明。童第周住的屋子又小又暗，抗战时期常常停电，怎么办呢？

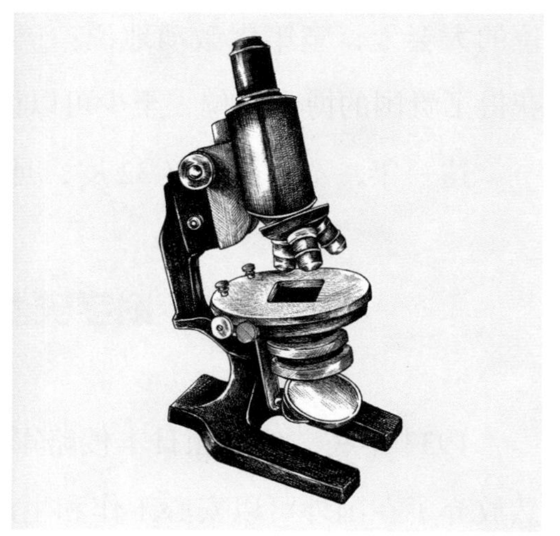

童第周想尽了办法，他和同事们把显微镜放在窗台上，阳光好的时候利用阳光照明，阳光不好又停电时，就用干电池作电源照明或用煤油灯照明。至于其他设备，童第周因陋就简，用茶杯、废弃的玻璃瓶、碗等来代替玻璃器皿。在外人看来没有什么用的瓶瓶罐罐，都成了他探索生命奥秘的工具。

日日夜夜，他写出了一篇篇在国际学术界引起很大反响的论文！

当时，国际上许多有名望的科学家都想到中国来拜访他，向他学习经验。

一个寒冷的早晨，英国著名的学者李约瑟来到了这个荒凉的小镇，他怎么也不敢相信，这样的不起眼的小镇上会住着闻名世界的生物学家。

在童第周的住处，李约瑟被眼前的景象惊呆了！

一个伟大的科学家正在冰天雪地里搭着简陋的桌子，借着微弱的雪地的反光来做试验，因为一阵狂风吹来，吹走了实验的细小的素材，不得不将一个简单的实验重复做上好几遍。

“你就是童第周先生吗？”李约瑟哆嗦着问道。

童第周微笑地回应着，仍然专注着他的实验。

“奇迹！科学史上的奇迹！”李约瑟惊叹不已。

简陋的实验条件，低矮的小土屋，恶劣的气候环境，这一切都不能动摇童第周攀登科学高峰的脚步！

【科学链接】

★人类的眼睛能看到的最小昆虫是螨虫。它只有0.2毫米左右。其实，世界上还有很多比螨虫更微小的东西，我们眼睛根本看不到。请你不要气馁，更不要着急或怀疑，眼睛的能耐真的就这么大哦！这个时候，我们就要借助显微镜来观察了！

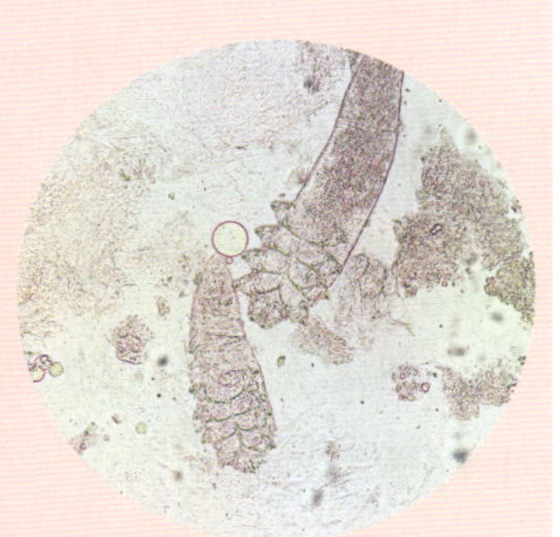

★ 2023年2月，全球首个CRISPR基因编辑疗法上市申请获受理。基因编辑，是可以改变基因组中特定DNA序列的一种技术。其基本原理类似word程序中的新增、删减或修订，即人为地引入一段基因、消除一段基因或者对特定的基因片段进行修改，因此又被称为“基因魔剪”。基因编辑技术在临床药物开发、动植物育种、基因筛查等领域得到了广泛的应用，并为遗传病、肿瘤等重大疾病的治疗提供了新的路径。

让饥饿的人类填饱肚子

袁隆平

大米是我国人民的主要粮食，像我们中国这样一个人口众多的大国，要想解决吃饭问题绝不是一件小事。三年困难时期，粮食普遍减产，严重危害人们的健康和生命。这让搞水稻研究的袁隆平非常难过。他发誓要研究出一种优质水稻，让人民吃饱肚子。这个最朴素的想法，构成了他对祖国、对人民的最朴素的爱。于是，袁隆平有了发明创造最重要的动力。可是，他怎么做到的呢?

种植是人类历史上又一划时代的发明。大约一万年前，先民由采集狩猎转向农业种植生活。据史料记载，大约在公元前3000年，印度河谷就已经种植棉花了。当然，棉花桃也是鲜美可口的果实，成熟后抽出棉絮才是织布的原料。养蚕是一门“绝技”，蚕蛹不仅是高蛋白的美食，长大后吐出的丝，经加工后就是闻名世界的丝绸。当下，最常见或最基本的食物就是米和面，这也是我国农耕文明的标志物，即“南稻北粟”。

稻的栽培历史在中国十分悠久，可以追溯到1万多年前，后来才逐渐向西传播到印度，中世纪又引入欧洲南部。今天，中国人对粮食最大的贡献，莫过于袁隆平的“杂交水稻”，它满足了无数张“嘴巴”的需求。

袁隆平与“杂交水稻”有一段精彩的故事。

饥饿的“噩梦”

袁隆平的父亲袁兴烈，生于清光绪三十一年(1905)，江西德安县人，毕业于南京的东南大学。可见，袁隆平也是来自“诗书之家”。1954年，袁隆平从西南农学院毕业，自愿来到地处湖南安江镇的黔阳农校，当一名普通的老师。后来，他连续经历了几场罕见的天灾人祸所带来的严重的粮食饥荒，一个个蜡黄脸色的水肿病患者倒下了……袁隆平自己也饱受了饥饿的痛苦。

目睹严酷的现实，袁隆平辗转反侧，不能安睡，想起旧社会人民受统治阶级的剥削压迫，受战争的痛苦，缺衣少食，流离失所。今天，人民当家作主，仍没有能够完全摆脱饥饿对人们的威胁。

从此，袁隆平痛下决心，希望努力发挥自己的才智，用学过的专业知识，尽快培育出亩产过 800 斤、1000 斤、2000 斤的水稻新品种，让粮食大幅度增产，用农业科学技术战胜贫穷，让老百姓远离饥饿的“噩梦”。从此，他立下志愿：培育出一种高产优质的水稻品种，让人们不再遭受饥饿的威胁。

找到了“宝贝”

1960 年起，袁隆平研究的思路渐渐明朗：要想培育出一种高产优质的水稻，最好是培育出一种杂交水稻种子，让它的第一代展现最大的优势，从而极大地提高水稻的产量！

可是，要培育出杂交水稻，首先要找到雄性不育的水稻植株，因为水稻是雌雄同花的自花授粉植物，在同一朵花上并存着雌蕊和雄蕊。只有找到雄蕊不育的植株，才能实现异花授粉呀，才能通过人工培育出杂交水稻。

想想看，在茫茫稻田，在几百甚至几千株水稻中，要找到一株雄性的不育的水稻植株，这是多么困难——就像大海捞针一样！

1964 年，袁隆平迈开双腿，走进水稻的莽莽绿海，去寻找这从未见过而且中外资料也没有报道过的水稻雄性不育株。袁隆平

头顶烈日，脚踩烂泥，驼背弯腰地一株一株地观察寻找。“功夫不负有心人”，第 14 天，他在试验田里终于发现了一株想要的水稻植株：稻花内的雌蕊发育正常，雄花还没有花粉，已经呈现出干枯的样子……可是，在袁隆平的眼里，它不是普通的水稻植株，而是梦里追寻千百度的“宝贝”。

1970 年秋季，袁隆平带领他的学生李必湖、尹华奇来到海南岛崖县南江农场进行研究试验，向该场技术员与工人调查野生稻分布情况。11 月 23 日上午，该场技术员冯克珊与李必湖在南红农场与三亚机场公路的铁路桥边的水坑沼泽地段，找到了一片约 0.3 亩面积的普通野生稻。当时正值野生稻开花之际，因为李必湖对水稻雄性不育株有很深的感性知识，他像当年导师袁隆平寻找不育株一样，在野生稻群中一株一株地仔细观察。奇迹终于出现了！就在他们找到野生稻之后 20 分钟左右，李必湖和冯克珊就发现 3 个雄花异常的野生稻穗，激动得说不出话来……

成功不是那么“简单”

从 1964 年发现“天然雄性不育株”算起，袁隆平和助手们又整整花了 6 年时间，先后用 1000 多个品种，做了 3000 多个杂交组合，仍然没有培育出不育株率和不育度都达到 100% 的不育系来。

1970 年，袁隆平总结了 6 年来的经验教训，认识到必须跳出栽培稻的小圈子，提出利用“远缘的野生稻与栽培稻杂交”的新设想，并像服侍婴儿一样服侍着他的那几株杂交水稻，亲自为它浇水、施肥，并定期观察、记录，又用人工的方法将别的稻花采过来与它们杂交，从而成功地繁殖出一代雄性不育稻种。

1971 年，中国农业科学院在袁隆平的倡议下成立了杂交水稻协作组，全国各地的几百名农业科学技术人员在他的统一指挥下，一起向杂交水稻“攻关”。

1973 年，广大科技人员在突破“不育系”和“保持系”的基础上，选用 1000 多个品种进行测交筛选，找到了 1000 多个具有恢复能力的品种，还找到了一批以 IR24 为代表的优势强、花粉量大、恢复度在 90%以上的“恢复系”。这一切都是国家在调动力量支持袁隆平的“杂交水稻”研制。10 月，袁隆平终于克服历经磨难的“过五关”（提高雄性不育率关、三系配套关、育性稳定关、杂交优势关、繁殖制种关），发表了专题论文，正式宣告我国籼型杂交水稻“三系”配套成功。这一年，袁隆平进行杂交水稻的试种，并获得成功，亩产达到 500 公斤，晚稻亩产达 600 公斤。这是我国水稻育种的一个重大突破，也是中国广大农民一辈子想都不敢想的产量！

袁隆平也因此被称为“中国杂交水稻之父”！

1980 年，美国圆环种子公司向中国种子公司支付当时可谓是天价的 20 万美元首期专利转让费，袁隆平没有拿一分。如果他申请专利的话，有人估算世界首富就不是“软件大王”，可是他却把专利无私地贡献给国家。1987 年 11 月 3 日，他第二次获国际科学大奖。联合国教科文组织总干事姆博先生赞扬袁隆平取得的科研成果，是继 20 世纪 70

年代国际培育半矮秆水稻之后的“第二次绿色革命”。袁隆平把这次获奖的1.5万美元全部捐献作为杂交水稻奖励基金，以奖励在这一领域有突出贡献的中青年科学工作者。

这就是伟大的爱国科学家袁隆平先生！

【科学链接】

★中国是世界上水稻栽培的起源国，1993年中美联合考古队在湖南省道县玉蟾岩发现古栽培稻，距今已有1.4万年—1.8万年的历史；在长江下游河姆渡也曾出土有约7000年前的稻种残留物；广东英德出土的人工栽培的水稻硅质体距今1.4万年。

★早在3000多年前，稻就是中国人的主要粮食。经过数千年的发展，我国科学家运用独创的基因分离技术已成功地获取近2000条水稻DNA片段，并研制出国内第一张功能独特的水稻基因芯片。它被一些科学家誉为是继大规模集成电路之后的又一次具有深远意义的科学技术革命。

让汉字告别“铅”与“火”的时代

——王选

生活在美国的中国人王安发明的“记忆磁芯”，在第一代、第二代电子计算机上发挥了关键作用，实现了信息存取技术的重大突破，其贡献永载史册。可是随着电子计算机在印刷行业的应用，曾以“活字印刷术”为骄傲的中国人面临前所未有的“尴尬”——中国的汉字无法进入电子计算机系统，中国的印刷技术已经远远落后于时代的发展……20世纪80年代初，我国成功地研制出了汉字激光照排机，使中国人再次感受到了汉字在计算机时代的辉煌，使中华文明从此告别了“铅与火”的时代，进入了“光与电”的时代，引起了世界轰动。

科学家王选获得过许多荣誉：2002年2月1日，获得2001年度国家最高科学技术奖；2018年12月18日，党中央、国务院授予王选同志“改革先锋”称号，颁授改革先锋奖章，并获评“科技体制改革的实践探索者”；2019 年 9 月 25 日，被评选为“最美奋斗者”……这些闪耀的光环下，最让人们难忘的一项核心技术，就是他的汉字激光照排！在中国的 IT 产业发展史上，王选先生是一个具有划时代意义的人物。

“别自讨苦吃啦”

王选出生在一个知识分子家庭，17 岁那年以优异的成绩进入了北京大学。他虽然学习的是数学，可是对电子计算机特别感兴趣，毕业后又留校当了一名无线电老师。从此，他与电子计算机结下了不解之缘。

1963 年起，王选在研究过程中养成了每做一个项目先要了解国外现状的习惯，为了加快英文阅读速度，他开始锻炼英语听力，连续 2 年多每天半小时的收听使他的英语听力水平有了较大提高，为他了解外国的先进技术起到了很好的作用。在教学实践和科研中，他发现要想快速使用电子计算机，就必须先解决汉字输入这一关。

于是，他开始研究汉字输入技术。他除了完成教学任务以外，几乎所有的时间都在研究汉字，从每一个字的偏旁入手，分析出它的字根特点，然后画图、统计，希望能用几十个键把成千上万的汉字输入到电子计算机中。

“王选呀，把汉字输到计算机中，不是那么容易的。想想看，英语只有 26 个字母，而汉字多达 6 万多，就是常用的也有 3000 多个，这样大的阵容能进入小小的计算机吗？”一位关心他的朋友笑着说，“别自讨苦吃啦！”

“自讨苦吃？要是没有人解决这个难题，我们的汉字就永远与计算机无缘了。”王选忧郁地说。

“哎，你真是杞人忧天，玩计算机的人学英语不就得了。”朋友继续劝着。

“那……那不会英语的中国人就不会计算机，不会计算机的中国人就跟不上这电子时代啊！”王选说不下去了。

王选想：“越是这样我越要研究。”

从此，他一门心思扑在了汉字输入技术研究上……

神秘的“748 工程”

1975 年，国家关于汉字照排系统的“748 工程”吸引了王选，让他感到既神秘又兴奋。1976 年 9 月，电子工业部在了解了王选的方案后给予大力支持，把“748 工程”中汉字精密照排系统的研制任务正式下达给北京大学，并成立北京大学汉字信息处理技术研究室，由王选负责整个系统的总体设计和研制，这是一项汉字信息处理的系统工程。至此，研究汉字输入技术不仅有了团队，而且他成了团队的核心人物，责任和压力更大了。

当时，国外的照排机研制已经到了第四代，参与研究的团队人员，多数主张用第二代，王选却说：“要研究就研究国外正在开发的第四代照排机。”也就是说，一步要跨外国人走了30年的路，跨越中国人走了500年的路。一旦这种照排机研制成功，我国将迅速进入信息时代。

遗憾的是，一些领导和与会的大部分专家都摇头了。

“他们不相信，我就自己干。”王选自言自语地说，并埋头继续研究。

一段时间后，他相继攻下了汉字的信息压缩技术、高速还原技术和文字变倍技术，离成功的路只有一步之遥了。这时候，传来了英国的蒙纳公司要占领中国的汉字激光照排系统市场的消息。

“天哪，我们中国人要用外国人的汉字照排机？”王选不敢相信这是真的——不能这样愧对祖先啊！王选加快了研制步伐，通宵达旦地向一个个堡垒发起了进攻。

1979年7月27日，第一台用电子计算机“指挥”的汉字激光照排机问世。英国那家公司知道这个消息后，惊得目瞪口呆！

成功没有秘诀。王选发明汉字激光照排技术曾经历过无数次失败，可是他在失败面前没有畏惧、没有退缩，凭着对事业的强烈责任感和使命感，在失望中寻找希望，把压力变成动力，他的身上既有中国传统知识分子淡泊儒雅、锲而不舍的精神，又有中国现代知识分子与时俱进、开拓创新的精神，使他成为当代中国印刷业革命的先行者，被称为“汉字激光照排系统之父”。

【科学链接】

★ 1980 年 9 月 15 日，王选为首的课题组用激光照排系统成功地排出了一本《伍豪之剑》的样书，这是中国在告别铅字的历程中排出的第一本书。1994 年，新闻采编流程计算机管理系统研制成功，由《深圳晚报》首家采用，由此引发了国内报业告别“纸和笔”的技术革新。

★ 20 世纪 80 年代起，王选就致力于科研成果的商品化。20 世纪 90 年代初，王选带领队伍针对市场需要不断开拓创新，先后研制成功以页面描述语言为基础的远程传版新技术、开放式彩色桌面出版系统、新闻采编流程计算机管理系统，引发报业和印刷业三次技术革新，使得汉字激光照排技术占领 99% 的国内报业市场以及 80% 的海外华文报业市场。

“碧水青天架飞虹”

郑皆连

小朋友们，你们知道吗？中国是一个拱桥古国呢！早在《水经注》里，就提到“旅人桥”，大约建成于公元 282 年，是最早见于记载的拱桥！那些拱桥形式之多，造型之美，真可谓是世界少有哪！有驼峰突起的，有宛如皎月的，有玉带浮水的，一座座宛若长虹卧在中国的历史长河中。但是，真正引领中国拱桥技术走向世界之巅的是中国工程院院士郑皆连。为了造桥，他吃了难以想象的苦，留下了许多感人肺腑的故事……

我国自古就有尊崇和弘扬工匠精神的优良传统，一些工艺水平在世界上长期处于领先地位。《庄子》中讲庖丁解牛游刃有余，“道也，进乎技矣”。《诗经》中说：“如切如磋，如琢如磨”，其本义反映的就是古代工匠在切割、打磨、雕刻玉器等时精益求精、反复琢磨的工作态度。

新中国成立以来，工匠精神更是大放异彩。从“两弹一星”“载人航天工程”到“复兴号动车”“水下发射大型固体运载火箭”“空间飞行器系统”，处处都蕴含着工匠精神。

那一座座“半成品”

说到造桥，就不得不提到中国工程院院士、桥梁建造专家郑皆连，出生于1941年的他，作为路桥工程专家，同样具有工匠精神。享誉世界的合江第一长江大桥、雅鲁藏布江桥、广西平南三桥、天湖特大桥，无不出自这位院士之手哦！

在郑皆连还是20多岁的小伙子时，头脑里整日想的就是加快改进中国的造桥技术。当时工地上的工人看到他只要没有任务，就在工地上转悠，也常在施工最危险处工作，目光总离不开那一座座拱架上的“半成品”。

郑皆连后来回忆年轻时候常常说起那一幕：“当时年轻，对后果想得少。”他总想着桥梁的设计和建造。庞大壮观的工程建造，离不开劳动者精益求精的工匠精神。

望“桥”兴叹

他大学毕业后，被分配到广西工作。

广西是一个什么样的地方呢？自古以山多水多、河流密布、沟壑纵横著称。因为陆路交通不便，所以河流上架起的基本都是木桥。如果遇上汛期，这些辛苦搭建的木桥常被冲毁，人们只能望“桥”兴叹！

目光如炬、富有远见的他，心中暗下决心：“要改变广西交通面貌，肯定要把桥梁永久化。用永久性的桥梁代替临时桥！木桥属于临时桥！”

铿锵有力的话语至今萦绕在我们的耳畔，而他所说的永久性桥梁，指的就是中国古桥——拱桥。

中国的拱桥建设，历史悠久。郑皆连常常会思考赵州桥，这座由隋代造桥匠师李春在1400多年前设计的桥梁是世界上第一个敞肩拱的石拱桥，至今仍屹立在河上。它以首创的敞肩拱结构形式、精美的建筑艺术和施工技巧等杰出成就，在中外桥梁史上引人瞩目，把中国古代建筑技术提高到一个全新的水平。

但是，一千多年以来的拱桥施工都必须搭支架。

“广西这个地方水深流急，根本搭不起支架或者搭建成本非常高，怎么办呢？”每当郑皆连想到这个问题的时候，眉毛总会皱在一起。为了解决这个许多工程师都解决不了的问题，他在工地上风餐露宿一千多个日夜，头脑里想的都是同一个问题：“搭支架不行，洪水一来就把支架冲跑了。能不能不搭支架？”

“不搭支架？”这个千百年来在造桥工程师心中想都不敢想的问题，偏偏就在郑皆连心中生了根、发了芽。

创造“世界第一”

经过反复地技术创新，他琢磨出一套行之有效的方法——通过钢丝绳斜拉扣挂，松索合龙形成拱圈。这样一来，就用上方悬吊代替下方的支架支撑。

正如他自己所说：“如果想把一生都献给科技事业，就应树立终生奋斗的信念，善于发现需求，找准问题，然后持之以恒地研究。”他并不满足于眼前的成果，在51岁时，又设计了升级版——千斤顶钢绞线斜拉扣挂合龙松索工艺，让不用支架建造拱桥的施工工艺从之前的100米突破到500米跨径。

很多人看到成功后的郑皆连，主动抛出橄榄枝：“你申请专利，我们组建一个公司，我帮你收费。”

每当听到这样的话语时，郑皆连总是摇摇头：“我没有兴趣。大家可以随时用，用了能省钱又安全，何乐而不为？”

正是拥有这样的精神，他带领的团队才创造了多个“世界第一”，更是获得了“世界拱桥看中国，中国拱桥看广西，广西拱桥看郑皆连”的美誉，硬是把天方夜谭变成现实。在广西这片土地上，郑皆连留下了许多建桥的“杰作”：1976年，他主持设计了广西第一座无支架施工钢筋砼箱拱桥，20世纪70年代中期至90年代修建这类大桥40多座，占当时广西公路大桥总数的70%；1992年，建成了当时世界上最大跨径的钢筋混凝土肋拱桥，这一建桥技术在国内属于首创，并被广泛地推广应用，成为广西一道道美丽的风景线。

【科学链接】

★茅以升曾主持修建了中国人自己设计并建造的第一座现代化铁路公路两用桥——钱塘江大桥。他自幼生长就学于南京，身受南京文化的滋养熏陶，少年立志，图强报国，从此生命不息，架桥不止。他解决了建桥中的一个个技术难题，打破了国外专家的断言，为中国现代桥梁史翻开了崭新的一页。

★南京长江大桥，是长江上第一座由中国自行设计和建造的双层式铁路公路两用桥梁。它所在的长江下游干流是全世界最繁忙的水域之一。在这样的条件下建造桥梁实属不易，也正因如此，南京长江大桥的建成在中国桥梁史和世界桥梁史上具有重要意义，有“争气桥”之称。它不仅是新中国技术成就与现代化的象征，更承载了中国几代人的特殊情感与记忆。

大山里的“天眼”

——南仁东

在世界天文学大舞台上，咱中国人也不会缺席！更为重要的是，不论是国家，还是天文学家个人，都很努力。时光回溯到1993年，在东京召开的国际无线电科学联盟大会上，有来自10个国家的天文学家提出建造新一代射电大望远镜的设想，其中就有中国天文学家的声音。那么，是谁最终在大山里给天文学安上了“天眼”？

宇宙从哪里来，又将到哪里去？“地外文明”存在吗？解答这些问题，离不开“搜寻星际通信信号”。

2016年9月25日，“中国天眼”落成启用！这是世界最大单口径、最灵敏的射电望远镜！这项伟大工程建设的灵魂人物就是南仁东！从选址、论证，到设计、建设，身为首席科学家兼总工程师的他，事事亲力亲为，一干就是 22 年！

2019 年 9 月 17 日，南仁东获得“人民科学家”国家荣誉称号。

“中国人一定行”

1945 年，南仁东出生在吉林省辽源市龙山区，先后就读于辽源中兴小学校、辽源四中、辽源五中。在他 15 岁的时候，老师的一次谈话奠定了他的志向，老师希望他学以致用、以学报国。如果说，把一次谈话永远记在心里很难，那么把一次谈话化作终生的行动动力那更是难上加难！可是，南仁东做到了！

转眼到了 1963 年，南仁东这个在山区长大的孩子以高考平均 98.6 分（百分制）的优异成绩夺得“吉林省理科状元”称号，并考入清华大学无线电系。毕业后，他进入通化无线电厂，成功研发便携式小型收音机和 10 千瓦电视发射机，完成了当时看起来不可能完成的任务。

从那时候起，“怎么不可能？”就成为南仁东一生中最重要的一句话！他不止一次地在内心呼喊：

“只要自力更生，就像两弹一星一样，中国人一定行！”

为"天眼"选址安家

1993年，多国天文学家共同提出，要抓紧建设新一代功能强大的"大射电望远镜"。南仁东没有浪费半点时间，当即着手国际大射电望远镜落地中国的推进工作。1994年，他提出FAST（500米口径球面射电望远镜）工程概念，主导利用贵州省喀斯特洼地作为望远镜台址，并立志"一定要造出中国人自己的超级望远镜！"

就这样，南仁东为给"天眼"找到最合适的家，在贵州的大山深处，先是利用遥感技术捕捉到3000多个洼地，然后挑选了391个圈定到数据库里，再筛选出100多个，最后用"脚"一个一个去勘定。

在深山密林、杂草丛生中，南仁东最得力的"武装"就是雨衣、解放鞋、柴刀和拐杖。在12年的选址中，他不停地跋涉在中国西南的

大山里，走遍了贵州大山里的上百个窝凼（dàng），有的荒山野岭连条小路也没有，当地村民走起来都十分费力，他却始终兴致勃勃地在大山里探索、寻找，希望能为“天眼”安一个让人满意的“家”。有一次，在考察洼地时，他差点被山洪冲下山，又跌下悬崖，幸好被一棵小树挡住了身体……十年如一日的坚持，都是在做“选址”这一件事情！为的就是能够找到一片光污染、噪声污染和地面的电磁波污染最少的“净土”，使得它接受来自天外的信息更多、更准、更及时！

中国人的“超级望远镜”

当选址最终确定在贵州省黔南州平塘县克度镇大窝凼后，新的困难又出现了——FAST 的建造没有经验可循，很多关键技术只能自主创新。例如，FAST 设计为索网结构，钢索使用寿命按 30 年计算，要求的疲劳强度是国家规定强度的 2.5 倍。在市场上能找到的产品都无法满足需求，生产企业也没有相应的技术储备。为了解决这个难题，南仁东带领团队历时 2 年多的研发，经历近百次失败，才最终取得成功。南仁东以百折不回的毅力，既把握工程的整体方向，又在施工现场经常亲力亲为，爬山调查危岩、上钢架拧螺丝、拿扁铲削平钢材……FAST 总工程师姜鹏说：“大到工程整体实施方案，小到一个零部件图纸，南老师都非常了解。”

曾经，周围的人们对他议论纷纷：“疯子！”“狂士！”一位外国人调侃道：“一个连汽车发动机都做不好的国家，怎么能做大射电望远镜？”

不变的信念、不断的嘲讽交织在一起，南仁东的眼前又显现了年轻时的画面：那时，他应邀前往荷兰、苏联等国的著名天文台进行考察访问，还在日本国立天文台担任过客座教授并得到高度赞誉。但是，外国先进的科研设备、优厚的生活待遇都不曾使他心动分毫，种种困难并没有阻止前进的脚步，因为他心里装着祖国。

曾经，南仁东说：“FAST 如果有一点瑕疵，我们对不起国家。”怕“对不起国家”，这正是支持南仁东挺过所有争议、困难的最大动力。

“天眼”建成后，科学家们说不定哪一天就能听到来自外太空的一声“问候”。正如南仁东所说：“正向宇宙的深度进军，这也是一次前所未有的远航。我们将去证明，人类的探索，可以到达一百多亿光年以外。”

如今，FAST 的影响不仅在科学领域，因建造 FAST 而研发的多项技术创新也提升了整个国家的工业、制造业水平，而且 FAST 在科普、教育、大数据处理、促进当地经济发展等方面也都有亮眼表现。

【科学链接】

★ 2016 年 9 月 25 日，这口名叫 FAST（蕴含着“追赶”“跨越”“领先”之义）的超级“大锅”，终于在中国贵州平塘喀斯特洼坑里安家落户，被人们称为“中国天眼”。2018 年 10 月 15 日，中科院国家天文台宣布，经国际天文学联合会小天体命名委员会批准，将国家天文台发现的“79694”小行星正式命名为“南仁东星”。

★“天眼”在很多领域具备超强“发现力”：发现气体星系的数量有望在过去的基础上提高 10 倍，发现的脉冲星数量有望翻倍，有望发现新的星际分子……这使它可以验证很多科学规律，在引力理论，星系演化，恒星、行星乃至物质和生命的起源等方面，都具备突破的潜力。

第2章

科技新知

从“墨子号”说起

量子通信

如果谈起当今世界的高新科技、前沿科技，谁也不能忽视通信界的新翘楚：量子通信。2016 年 8 月 16 日，中国酒泉卫星发射中心用长征二号丁运载火箭，把世界上第一颗量子科学实验卫星“墨子号”发射升空，不仅为中国在通信技术领域摘取了一枚金牌，也标志着人类量子通信时代的到来。那么，量子通信有哪些杰出的表现呢?

“墨子号”的成功发射，把我国自主研发的量子通信设备带上了太空，它将产生并发出光量子，与地面信号接收系统实现“针尖对麦芒”式超高精度的对接。在可以预见的未来，全球的通信方式将会发生翻天覆地的巨变！

“墨子号”的诞生，让人类浮想联翩……

量子的“特异功能”

提起“墨子号”，我们首先会想到量子。那么量子是什么物质呢？世界上谁最先研究它？早在1993年，美国科学家贝内特就率先提出了量子通信这个概念。后来，世界上许多国家都投入大量的人力物力来研究量子通信技术，互相竞争，犹如一场通信领域的科技竞赛。

其实，量子是目前已经探测到的微观物理世界中最小的单位。那么，它有多小呢？小到无法分割。在量子身上有许多意想不到的“特异功能”：

一是跑得比光还要快。长期以来，人们的科学认知中，世界上没有比光跑得更快的物质。当年，大科学家爱因斯坦也是这么认为的。可是，物理学家后来研究发现，量子传播速度要更快，可以达到光速的1万倍。这又是什么概念呢？打个比方来说，太阳与地球之间相距约1.5亿千米，一束阳光照射到地球表面大约需要8.3分钟。可是，与量子比起来，就小巫见大巫了。这么长的距离，两颗量子间信息传播只需要0.048秒。这是无数科学家做梦都想不到的事，甚至是天方夜谭。

二是不可测量。量子这家伙很顽皮，一直处于飞速运动状态。当今世界上还没有任何一位科学家、任何一种工具能够控制它。非要让它停下来供人类进行观察和测量，如果这样，那一定是“鱼死网破”“同归于尽”。正是这个“宁折不弯”的特性，让科学家发现了它在通信领域的诱人前景：它速度超级快，损耗几乎是零，而且具有极佳的保密性能。因此，量子通信技术深深地吸引了科学家研究的目光……

不可破解的“密钥”

“墨子号”成功发射后，科学家可以借助卫星平台，进行高速量子密钥分发实验，并在此基础上进行广域量子密钥网络实验。那么，什么是密钥呢？从字面上讲，它就是“秘密的钥匙”，是在明文转换为密文或将密文转换为明文的算法中输入的参数。虽然人类在通信领域不断对密钥进行人工加密、机械编码、计算机编码等更新迭代的操作，可是泄密、信息泄露等事件还是时有发生，从而暴露出密钥的不安全性。

随着量子通信技术的应用，人们把数字密码储存到特殊的量子信息中，并在量子线路中传输，由于量子具有不可测量的天性，当黑客想要破解包含在量子中的密码时，被改变的量子会立刻做出反应，把所包含的信息全部自动清空。怎么样？就像小偷打开了门，却发现室内什么都没有！

随着量子密钥的应用，你将不会担心通话被窃听、手机或电脑里的信息被盗取。信不信由你，只要你把所有的秘密交给量子密钥，你的电脑、

手机、U盘等移动设备就可以放心使用，“黑客”光临了也是空手而归，一无所获。

【科学链接】

◆量子纠缠，是量子间的一种神奇关系。从理论上讲，有共同来源的两个量子，无论它们被分隔多远，哪怕隔着一个太阳系，只要一个量子发生变化，另一个量子就会立刻感应到，并发生相应的变化。这证实了爱因斯坦所称的“幽灵般超距离作用”。未来，量子纠缠技术的应用，或许能帮助人类实现星际间的信息传播，而且信息传播得更快、更强、更远。

◆南京大学“功能集成光量子芯片”成果，是在陆延青教授主持、祝世宁院士等指导的量子调控与量子信息重点专项的资助下，围绕功能集成光子芯片及其应用这一目标，在高维量子光源、光量子芯片构架和移动量子通信平台系统等方面取得的系统性成果。它实现了高维度的双光子纠缠光源和多光子源，突破了现有量子光源的技术瓶颈和信息编码维度限制，为发展具有更高信息容量和更高安全性的量子信息技术提供了一条全新的路径。

“会思考”的天网

——智能视频系统

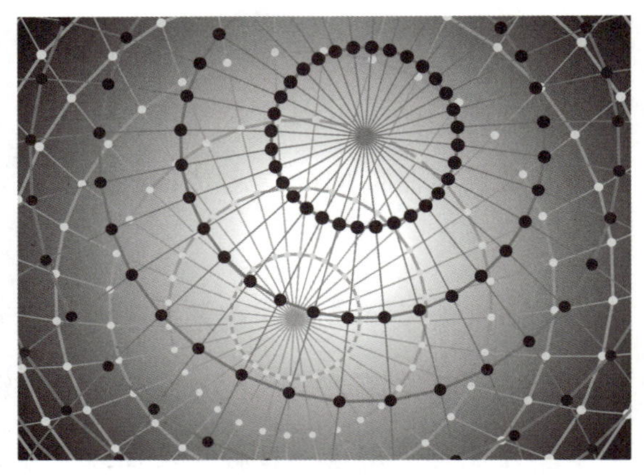

在全球230多个国家和地区中，中国是世界上公认的最安全国家之一，人民群众的安全感和幸福指数也逐年上升。不管是打击恶性犯罪事件，还是寻找走失的老人或儿童，都效率奇高。这样的高效率除了广大公安干警的辛苦付出外，还得益于我国的高科技。俗话说“天网恢恢，疏而不漏”，那么，中国究竟靠什么神秘武器，让犯罪分子无处遁形呢？这就是著名的“会思考”的天网！

曾经有一位不自量力的英国记者约翰·苏德沃斯公开挑战中国天网。他的脸部被贵州监控中心扫描设定为“嫌犯”后，就没入了茫茫人海中。可是，仅仅“潜逃”7分钟，他就被警方抓获，创下了最快的落网记录！而这是因为中国拥有世界上最大最安全的视频监控系统——天网工程！

天网的“黑科技”

“天网”是指为满足城市治安防控和城市管理需要，利用GIS地图、图像采集、传输、控制、显示等设备和控制软件，对固定区域进行实时监控和信息记录的视频监控系统。顾名思义，天网是由遍布在大街小巷的无数个摄像头组成的庞大网络，如同“千里眼”“顺风耳”，24小时不间断护佑城市的各个角落，为百姓的生命财产保驾护航！

传统的天网拥有“远距离”“超清晰”“抓动态”三大本领。以“球机”摄像头为例，有效距离在200米以上，甚至可以360度旋转。通过放大，即使远在百米以外的广告牌文字也能看得一清二楚。高速疾驰的车辆，也能清楚地显示出车牌。但是，真正让天网系统实现“超级变身”的是AI技术（人工智能），堪称是一项“黑科技”！自从有了AI技术后，传统摄像头就可以开启“自动追踪功能”，采集到的数据会自动传输到控制中心。

然而，每天传输的视频数据信息量十分庞大，要逐一看完这些视频不知道要等到“猴年马月”呢！别急！这正是“视频智能摘要技术”大显身手的时候！它可以快速调取案件发生地的摄像头，搜寻一段24小时的视频，经过“视频智能摘要技术”的处理后，压缩成10分钟左右，极大地方便警方办案人员的分析甄别，以便快速锁定目标。

嘿，这是不是比 AI 技术更“黑”呀！

好牛，“行人检测识别”

嫌疑人目标被锁定后，天网系统会从采集的图像中选取最高质量的一张，与身份证等资料库进行对比，不到 1 秒钟，就可以确定嫌疑人身份。这时候，“实时行人检测识别系统”又开始发挥本领了，它真的好牛，不服不行！

这套系统不仅能准确识别人脸特征，还能识别性别、年龄、身高等关键信息。只要嫌疑人进入监控范围，一旦“触网”，就能够自动诱发识别功能并且自动报警。通过与事先输入数据库中的犯罪分子或失踪人员信息进行匹配，弹出匹配度的提醒。一旦身份锁定，警方会快速调动离犯罪分子最近的警力，以最快速度到达现场，整个抓捕过程往往不到 10 分钟就结束了。

我国每年有超过 1000 名逃犯被警方抓获，帮助警方解决棘手治安问题、快速高效破案的，正是这项技术！

天网的“副业”

天网系统的 AI 技术远不止于此，除了帮助警察抓捕逃犯，还有一项“副业”，那就是帮助警察来处理纷繁复杂的交通事故。

原来，利用天网系统的AI技术，可以为警察自动区分出车辆和行人，甚至能区分出车辆的种类！在警方控制台的画面中：小轿车、公交车、大货车等会用蓝色方框标出；摩托车用红色方框标出；行人用黄色方框标出。车牌号码、车体颜色、车型等各种信息都会被一一识别。因此，警方能够第一时间快速处理交通违章、肇事逃逸等各种突发情况。面对实时实拍的图像画面，违规车辆的驾驶者自然无法狡辩！

强大的天网系统护佑城市的每一个角落，正如那位英国记者所说："如果你没什么可隐藏的，你就没什么可害怕的！"

【科学链接】

◆组成天网系统的摄像头很多都具有红外线夜视功能。它们会主动向物体发射红外线，再捕捉物体反射回来的红外线进行影像重组，形成画面。因此，即使在夜晚，也能拍摄到清晰的画面。

◆天网系统的组建，离不开中国日新月异的高清摄像技术。以2021年3月为例，执行中国首次火星探测任务的"天问一号"探测器，传回拍摄的高清火星影像图——2幅黑白图像和1幅彩色图像。高分辨率相机在距离火星表面约330千米到350千米高度拍摄，分辨率约0.7米，成像区域内火星表面小型环形坑、山脊、沙丘等地貌清晰可见，引来全世界的科学家啧啧赞叹。

会奔跑的“机器人”

——无人驾驶技术

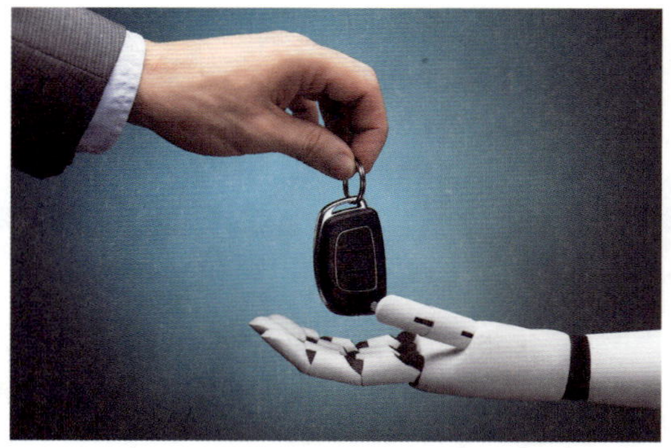

电视剧《霹雳游侠》中有这样的情节：汽车“基特”具有人类的思维，可以像朋友一样和车主迈克尔·奈特进行对话；拥有自动驾驶功能，可以帮助主人导航，躲避凶险。这部风靡全球的电视剧展现了汽车的高度智能化，虽然其中的一些功能如今还没有完全实现，但它毕竟是人类科学家未来努力的方向。想一想，未来的无人驾驶技术，会不会改变我们当下的生活模式？

据统计，世界交通事故中每年有130万人死亡，其中绝大多数事故是人为原因造成。如果采用远程操控、计算机系统操控或车辆之间的信号传输，应用无人驾驶技术汽车的安全性能将大于有人驾驶的汽车安全性能。因此，无人驾驶技术也成了智能时代的一个“热词”。

轮式“移动机器人”

无人驾驶汽车是智能汽车的一种，也称为轮式移动机器人，主要依靠车内的以计算机系统为主的智能驾驶仪来实现无人驾驶目的，好像车子驾驶室里有一位看不见“身影”的高手在轻松自如地开车呢。

其实，早在20世纪20年代，苏联就已经开始进行坦克遥控机械学方面的试验，先后有TT-18、TT-26、TT-27等多种遥控坦克。从20世纪70年代开始，美国、英国、德国等国家开始进行民用无人驾驶汽车的研究，在可行性和实用化方面都取得了突破性的进展。

说起“无人驾驶技术”，还要追溯到1925年，这是一个不能被忘记的年份。当时，美国陆军的电子工程师弗朗西斯·霍迪纳通过无线电波实现了对一辆车的方向盘、离合器、制动器等部件的远程控制。这项设计在当时来说具有划时代的意义，启发了后来的科学家开始研究怎样通过无人驾驶技术使得车辆前进，为轮式“机器人”的诞生奠定了可靠的技术基础。

免费的“驾驶员”

随着当今互联网、大数据等技术的突飞猛进，无人驾驶技术被认为是未来人工智能发展的重要突破口。无人驾驶汽车通过利用计算机视觉，寻找车道，看清周围车辆、来往行人，在十字路口做到“红灯停、绿灯行”。同时，借助激光、雷达、超声波等“测距专家”帮助汽车在行驶过程中与前后左右的车辆保持安全车距。其实，它就像能够奔跑的机器人。

为了载着主人准确到达目的地，无人驾驶汽车会借助卫星导航、粒子滤波、三角测量等当今先进科学技术，完成厘米级精准定位，帮助汽车准确行驶。

遗憾的是，行驶道路千变万化、障碍重重，复杂多变的道路情况仍是最令人头疼的问题。这就需要无人驾驶汽车具有人工智能水准，借助栅格法、自由空间法、人工势场等深奥算法合理规划行进路线，及时躲避障碍物或调整车道，快速应对复杂的道路情况变化。这样高级的“免费驾驶员”离我们已经越来越近。

更多的“福利”

随着汽车科技的发展以及人工智能技术在新时代的普及，依靠摄像头、传感器、GPS 定位系统和电子控制系统的支持，一个一个难关将被攻克，无人驾驶的研究已成为整个汽车产业的最新发展方向，也会为我们带来更多的“福利”：

无人驾驶可以避免人为不正确的操作，反应速度和精准度也要高于人，所以无人驾驶技术可以降低出现交通事故的几率；随着无人驾驶技术的应用，“酒驾”“疲劳驾驶”“超速”等等也会在人们的视野中彻底消失，出行会更加安全；人们将不再为出行中选择道路而犯难，解放双手的同时，也解放了大脑，在车上可以进行各种娱乐活动，提升生活质量；车辆通过网络连接交通信号灯、导航系统，精确计算线路以及驾驶时长，道路交通堵塞的现状一定会得到最大程度的缓解，使得出行更加文明。

目前，有很多品牌的汽车已经实现自动驾驶，如特斯拉、宝马、奔驰等，相信在不久的将来，无人驾驶技术将彻底改变21世纪人们的生活！

【科学链接】

◆应用到无人驾驶汽车上用于测量汽车与障碍物之间距离的传感器主要有以下几种：超声波雷达、激光雷达以及毫米波雷达等。这些传感器都有它们的短板，例如：超声波雷达通过发射高频率声波来探测目标，而缺点是它的探测距离不远，在大气中衰减的速度也很快；激光雷达通过发射光束来探测目标，而缺点是光束比较小，探测前需要事先瞄准。克服这些传感器的问题还是任重道远。

◆世界目前已有多型无人战车系统投入生产，有的更是已在战场上初步测试，获得大量实验数据。2016年年底，俄罗斯“天王星”无人战车部署到叙利亚且参与扫雷等实战。2019年，上海一位操作人员通过5G网络操作在千里之外河南洛阳的挖掘机，远程操控时根本感觉不到任何延迟，瞬间成为“网红”。这也让很多人对5G网络赞叹不已！

列车家族来了“新成员”

——磁悬浮技术

早在20世纪上半叶就有人提出利用磁力将车浮起并驱动前进的构想，但是把几十吨重的车体拔离地面并非易事，直到最近几十年，有了电力电子技术、直线电机、超导和计算机控制技术的鼎力相助，磁悬浮列车才从人们的想象中逐步走向现实，列车家族也迎来了“新成员”，它以常规列车无法达到的速度悬空在轨道面上，称得上是一种会“飞”的列车……

铁路是地面运输网络的大动脉，磁悬浮列车成了21世纪列车家族的“新宠”。它是一种现代高科技轨道交通工具，通过电磁力实现列车与轨道之间的无接触的悬浮和导向，再利用直线电机产生的电磁力牵引列车运行。磁悬浮列车的问世使人类的交通发生了革命性变革，是人类理想的新一代长途交通工具。

从“异想天开”到“开花结果”

20世纪20年代，美国布鲁克林国家实验室的两位青年物理学家，提出了磁悬浮列车设计的构想，他们设想了一种由超导磁铁感应圈悬浮的每小时行驶480千米的火车。但当时的美国政府不肯出资赞助这项发明设想，认为这是青年人的异想天开，不可能变成现实。因此，这种奇妙的想法犹如昙花一现，这件事情也就被搁置起来。

可是，“墙内开花墙外香”。

1922年，德国的赫尔曼·肯珀提出了电磁悬浮原理，并于1934年率先获得开发磁悬浮列车的专利。

20世纪70年代以后，随着工业化国家经济实力不断增强，为提高交通运输能力以适应其经济发展和民生的需要，德国、日本、美国等国家相继开展了磁悬浮运输系统的研发。1962年，德国开始了磁悬浮的基础研究，1987年建成了总长31.5千米的试验线，最高速度达到每小时450千米。1996年，美国开通了从奥兰多机场到迪斯尼乐园22千米的磁悬浮线路。

从此，磁悬浮技术从设想终于多地开花。

磁悬浮的那些事儿

磁悬浮是一系列技术的通称。

磁悬浮包括借助磁力的方法悬浮、导引与驱动车辆。它是利用磁铁

“同性相斥，异性相吸”的原理，来减少和克服列车与轨道之间的摩擦力。

磁悬浮列车在线路上分段供电的技术，确保了同一区域内的车速相同，不会发生追尾或逆向而动相撞的现象。它可靠性能好，维修简便，最主要的是它的能源消耗极低，不排放废气，集计算机、微电子感应、自动控制等高新技术于一体，安全、平稳、无震动、无噪音、无污染，是目前人类最理想的绿色交通工具。

磁悬浮列车是利用电磁力将列车悬浮于轨道上，由直线电机推动前进的先进交通工具。从它的相貌和原理上看，都与以前的列车大不一样。它没有轮子和发动机，有路轨但并不与车接触。列车行进时需要的支撑、导向和牵引力，都来自磁铁的吸引力和排斥力。

由于磁悬浮列车在运行时是悬浮在磁轨上的，只要和飞机一样克服空气阻力就可以前进，而不像火车、汽车那样要克服铁轨或地面的摩擦力，所以能够达到常规无法达到的速度，甚至可以和飞机的速度相媲美，还可以大大地节省能耗。

现实版的磁悬浮列车

磁悬浮列车在技术上，分排斥式电动系统和吸引式电磁系统两种变形。

德国开发的是吸引式电磁系统。车辆上携带的传统铁芯电磁铁被吸引朝着连到导轨结构侧面的铁磁方向上升。通电后由于同性相斥的设计，车辆和导轨之间会一直保持1.5厘米的间隙。世界上第一个运行吸引式磁悬浮系统的是1984年设置在英国伯明翰飞机场到火车站之间的低速往返列车。

日本一直致力于开展超导电动式磁悬浮列车，1972 年研制成功 ML–100 试验车，1977 年建成了世界上第一超导式磁悬浮列车铁路——7 千米长的宫崎单日线试验线。1979 年，ML–500 试验车创造了磁悬浮列车每小时 517 千米的速度。

磁悬浮列车开发技术越来先进，开始逐步“飞”向世界各地。

【科学链接】

◆ 2003 年 1 月，中国第一辆磁悬浮列车（德国产）开始在上海运行。上海磁悬浮列车从浦东龙阳路站到浦东国际机场，30 多千米只需 8 分钟。2015 年 10 月，中国首条国产磁悬浮线路长沙磁浮线成功试跑。2019 年 5 月 23 日 10 时 50 分，中国时速 600 千米高速磁浮试验样车在青岛下线。

◆ 2013 年，特斯拉汽车公司和太空探索公司老板埃隆·马斯克提出“超回路列车”概念，让火车在接近真空的管道内运行，运行速度可达每小时 1200 多千米，发车间隔为 30 秒……2016 年 5 月，“超回路列车”在美国内华达州的沙漠里成功完成了推进系统的首次测试，仅用 2 秒就从静止状态加速到每小时 180 千米。如果这种在接近真空管道内运行的列车成功运行，从上海到北京仅仅需要 1 小时。

高原道路的“守护神”

热棒

青藏铁路是我国实施西部大开发战略的标志性工程，东起青海省省会西宁，西至西藏自治区首府拉萨，全长 1956 千米，创造了多个“世界之最”：最高的火车站、最高的铺架基地、最长的高原冻土隧道、冻土里程最长的高原铁路……在青藏铁路两边插着共计 1.5 万根、每根高达 2 米的铁棒，成了高原上一道最美的风景！

如果你有机会乘坐火车前往青藏高原旅游，看到车窗外一闪而过的一根根站在青藏铁路两边的 2 米高的铁棒，一定会十分惊讶甚至不解，这些像战士一样的铁棒，为什么要长年累月地站在这里呢？其实，它真正的名字叫“热棒”。在青藏高原地区修建道路（包括公路和铁路）

都一定要用热棒，这和青藏高原特殊的地形和气候条件有很大关系。

遇上了世界性“难题”

青藏高原年平均气温为0度以下，最低零下40摄氏度。在冬季气温较低的时候，冻土层中的冰晶和土壤紧密结合在一起，让路基显得十分坚硬。但是一到夏天，由于高原上缺少云层遮挡，太阳直接照射到地面时，气温上升速度很快，又会导致部分冻土层内的冰屑融化，冰水与泥土变得异常柔软，不利于车辆在路面上行驶。

更为糟糕的是，冰融化成水的时候，体积缩小，导致路基和钢轨会产生凹陷；到了冬天，这些泥泞的土地再次因为低温冻结时，体积又会膨胀，建在上面的路基和钢轨会被膨胀的冻土顶起。这两种现象的反复作用，会导致路基塌陷、翻浆、冒泥、沉降变形等，甚至让钢轨扭曲变形，整条铁路早早报废！

因此，在人类漫长的道路建筑史上，破解“冻土工程”始终是一项世界性难题，一直困扰着人类。

藏在热棒里的秘密

经过近半个世纪的努力，科学家们为了在高原修桥筑路，创造性地采取了解决冻土施工难题的相应对策，如：通过片石通风路基、片石通风护道、通风管路基、铺设保温板等多项设施，提高冻土路基的稳定性。其中，“热棒”的功劳最为显著。

热棒并不是一根普普通通的铁棒，它里面包裹着一些鲜为人知的“秘密”。虽然它的名字叫“热棒”，可是“冷冻器”这个称呼对它来说更加名副其实。只要把它插入冻土层下，就能让冻土不再融化，在地表形成永冻层。

原来，热棒的整体构造分为两个部分：一是露出地表长约 2 米的部分，叫散热段，它的外部缠绕着一圈散热片，可以让热棒内部的热量散发到空气中；二是埋在地底的部分，长约 5 米，内部又分为吸热段和绝热段。吸热段位于热棒的最底端，里面储存着大量液氨。由于液氨的沸点只有零下 33.5 摄氏度，即使深处永冻土层中，它也随时在吸收热量变成氨气上升，使得永冻土层全年都能保持在一个极低的温度下。上升的氨气会经过中间的绝热段，又回到吸热段。

热棒这种特殊构造，在冬夏交替过程中，发挥了很好的“保温”作用。冬季时，高原的气温比地底温度低，氨气在吸热段遇冷就会液化，在重力作用下流回最底部，不断循环保持地底的低温状态。到了夏天，虽然外界气温很高，但是由于中间有绝热层的存在，所以高温无法传递到热棒底部；同时，氨气到达热棒顶端也无法冷凝，那么热棒就陷入了停工状态，而此时热棒内部的氨气和液态氨已经达到了平衡状态，底部的气温依然很低，不至于让周围的冻土融化。

青藏铁路解决“冻土施工”难题在世界铁路修筑史上是没有先例的，而“热棒”堪称是它的“守护神”。

【科学链接】

◆江苏“最美基层共产党员”郭宏新研制专利技术产品“带中心测温管的低温热棒”，并用热棒技术治理冻土问题，成功解决了青藏铁路路基冻土层夏季融沉、冬季冻胀的不稳定问题，让冻土层一年四季都保持冰冻状态，为青藏铁路全线贯通做出了重大贡献。热棒“传冷不传热”的神奇功能不仅可广泛应用于冻土区的公路、桥梁、隧道等工程建设，还可以调控地面储煤堆的蓄热环境，防止煤堆自燃。看来，热棒虽小，但本领很大哦！

◆青藏铁路建设创造了环保史上的一大奇观。青藏高原是世界巨川大河的发源地，生态环境原始、独特而脆弱。青藏铁路在设计时就注意尽量减少对生态的影响：对植被难以生长的地段，在施工时采用逐段移植法；对于高山山地动物群，采取隧道上方通过的通道形式；对于高寒草原草甸动物群，主要采取从桥梁下方和路基缓坡通过的通道形式，全线设置33处野生动物通道。

让雨季不再“看海”

海绵城市

随着国家的发展，许多城市建设的步伐在加快。一座座高楼拔地而起，与之相应的是，绿地面积逐渐减少了。由于绿地下渗的缺乏，导致原有的自然水文循环被破坏。一旦遭遇暴雨，城市纷纷开启“看海”模式，一辆辆小轿车就像是航行在水中的船儿。为了有效缓解这种情形，“海绵城市”的建设应运而生，随后国家有关部门大力推进“海绵城市”建设，希望每一个城市可以像海绵一样会呼吸……

城市不断发展，水生态的配套没有跟上相应步伐，像跷跷板一样，总是一边高、一边低。引发的种种问题不断恶化，其中之一就是，每当城市内涝严重时，消耗大量人力物力，给国家和人民财产造成严重损失，甚至会导致人员伤亡。

为了给城市寻找“治病良方”，“海绵城市”的建设理念逐渐走进各个城市，帮助人们走出困境。

城市“生病”了

城市盲目无序的大拆大建，极大地破坏了城市的生态系统，导致我们的城市“生病”了，而且生病的城市虽然各个不同，却一个个患上了“呼吸困难综合征”：

有的城市一边喊着“口渴”，一边任凭雨水白白流失或者连同污水一起，不经处理便随意排放，不会“呼”；有的城市却经常全城“泡澡”，水多得不得了，虽建设了花坛绿地，却高出人行道，无法起到蓄水作用，不会“吸”。

城市建设出现的这种怪现象，不仅影响城市形象，也给人们的生产生活带来不便。为此，国际上提出建设“低影响开发雨水系统”，下雨时吸水、蓄水、渗水、净水，需要时将蓄存的水释放并加以利用，实现雨水在城市中自由迁移。这就是“海绵城市”的核心内涵，它是一种结合多类具体技术来建设城市水生态基础设施的工程，让城市既无旱灾又无水患。

城市的“面子”和“里子”

在新形势下，海绵城市是推动绿色建筑建设的创新表现，是新时代特色背景下现代绿色技术与社会、环境、人文等多种因素的有机结合，可以让城市既有“面子”，更有“里子”。

“海绵城市”的建设材料，具有渗水、抗压、耐磨、防滑以及环保美观多彩、舒适易维护和吸音减噪等特点。说得形象一点儿，就是城市能像海绵一样会自动渗水、吸水、蓄水。那么，它究竟有哪些独具一格的本领呢？

一是扩大道路的透水面积。竭尽所能地增加下渗面积，就可以促使道路能消化和排放地表的雨水。这样，地表径流大大减少，就可以在很大程度上缓解城市内涝现象。

二是设计下凹式雨水花园。这种造型的构造，就如同一个个“大碗”摆出来，雨天可以大口大口地“喝水”。雨水通过植物、土壤、细沙等过滤下渗，形成了良好的水循环系统。

三是设计透水路面的小区道路，增加植被。回收雨水的同时，也可以未雨绸缪，存储到地下水箱里备用。

四是兴建绿色屋顶。给城市每栋高楼大厦都配备清凉的“植被帽子”。用绿色植被覆盖城市屋顶，美化环境；储存雨水，浇灌绿地，节省水资源；多层结构还可以保护建筑表皮，吸收建筑热量，降低室内温

度，让能源高效利用。

一个会呼吸的城市——“海绵城市”，可以通过雨污分流以及绿地改造，在最大程度上缓解城市内涝。当然，我国大陆性季风气候范围大，暴雨和洪水较多，内涝在一定意义上是不可抗拒的自然灾害。如果超出了这个“呼吸科专家”的能力范围，就必须与其他水利工程措施相配套，才能从根本上解决问题，防患未然。

【科学链接】 

◆ 2013年底，我国提出要建设自然积存、自然渗透、自然净化的海绵城市；2015年，《关于推进海绵城市建设的指导意见》印发，明确将目标定为“小雨不积水，大雨不内涝，水体不黑臭，热岛有缓解”。2015—2016年我国确定了30个海绵城市建设试点，截至目前，很多试点城市初见成效。

◆ “海绵城市”是解决城市地下排水难题的一剂良方。“十三五”期间，南京市实施了748个海绵项目建设。截至2020年，全市建成区21%面积达到海绵城市建设目标要求。“十四五”期间，南京市将对建筑住区、河道水系、道路广场、公园绿地等不同类型项目实施海绵城市分类建设。其中，建筑住区类主要推进建设项目664个，总面积22.19平方千米；河道水系类海绵建设项目53个，总长度82.478千米；公园绿地类海绵建设项目28个，总面积1.21平方千米；道路广场类海绵建设项目266项。

生物的“七十二变”

——克隆技术

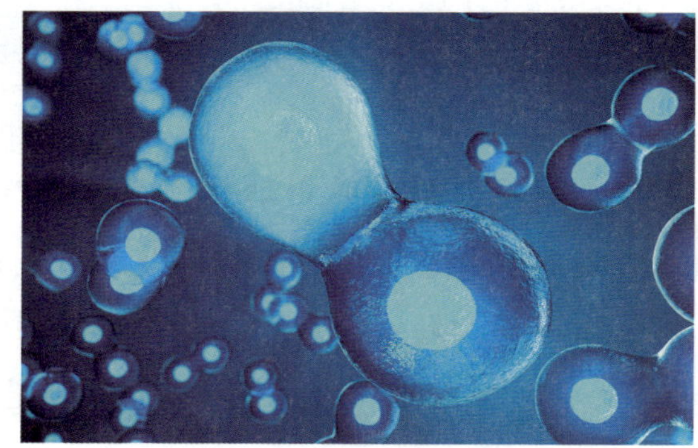

克隆技术的设想是由德国胚胎学家于 1938 年首次提出的。1952 年，科学家首先用青蛙开展克隆实验，之后不断有人利用各种动物进行克隆技术研究。1996 年 7 月，雌性小绵羊“多莉”的诞生，标志着人类克隆技术的真正成熟，实现了动物的复制。动物克隆技术被科学家称为生物的“七十二变”，各国都在竞相发展这一高新技术。它在人类征服自然和发展经济中有着巨大潜力，可能在生物学、畜牧学、畜医学和医学上带来革命性的巨变……

克隆是从英文翻译过来的一个词语，简单讲就是一种人工诱导的无性繁殖方式。可是，克隆与无性繁殖是不同的。无性繁殖是指不经过雌雄两性生殖细胞的结合，只由一个生物体产生后代的生殖方式，常见的有孢子生殖、出芽生殖和分裂生殖。由植物的根、茎、叶等经过压条、扦插或嫁接等方式产生新个体也叫无性繁殖。绵羊、猴子和牛等动物没有人工操作是不能进行无性繁殖的。科学家把人工遗传操作动植物的繁殖过程叫克隆，这门生物技术被称为“克隆技术”。

绵羊“多莉”的诞生

英国科学家威尔莫特等学者一直想对动物“克隆”，希望动物能够像葡萄、草莓和仙人掌那样，会七十二变，一变十，十变百……于是，他们从“苏格兰黑面羊”体内，用极细的吸管从卵细胞中取出了细胞核，又从“芬多席特”六龄母羊的乳腺细胞中取出细胞核，然后，通过人工的方法让这两种细胞核相互协调，把这个细胞“组装”成新的细胞，让它分裂、发育成胚胎，最后将这个胚胎巧妙地放到了另一只母羊的子宫里。经过特殊的护理，1996 年 7 月，这只母羊终于顺利产下了小绵羊“多莉”。

“多莉”没有爸爸，只有妈妈，而且是三个妈妈。其中，前两位妈妈给了它决定遗传基因的细胞核，最后一位妈妈给了它长大的“温床”和必需的营养。

1997 年 2 月 27 日出版的英国《自然》杂志上，公布了英国爱丁堡罗斯林研究所威尔莫特等人的研究成果——“经过 247 次失败，之后，他们在去年（1996 年）7 月得到了一只名为‘多莉’的克隆雌性小绵羊”。

百谈不厌的话题

羊的“克隆”确实是人类在生物学上的一个极大创举。这一消息立即引起了全世界的广泛瞩目，“克隆”也成了人们百谈不厌的话题，人们都说科学家会孙悟空的“七十二变”，将来有一天能将一个动物克隆成几个、几十个，甚至几百个呢。

其实，早在1981年，我国中科院水生生物所的科学家就用成年鲫鱼的肾脏细胞克隆出一条鱼，证明成年鱼的体细胞也可去分化和再程序化，这比用成年体细胞克隆出的多莉还要早15年。1990年，我国西北农林科技大学动物克隆技术的科研团队，繁育出世界首批克隆山羊。1995年又利用胚胎克隆技术，繁育出45只胚胎克隆山羊，形成目前世界上最大的胚胎克隆羊群。2000年6月出生的世界首批体细胞克隆山羊“元元”“阳阳”，标志着我国胚胎工程研究和开发实力已居国际先进水平。

“克隆技术”经过几十年的发展，已经日新月异，克隆鼠、克隆牛、克隆猫和克隆兔等，也如雨后春笋般地纷纷问世。它的意义还在于，人类有望用自己的细胞克隆成一个胚胎，在其成形前冰冻起来，或许某个器官有了毛病，就能从胚胎中取出一个器官进行培养，让它替换病变的器官——每人都能用“克隆”法为自己准备“配件”呢！

不过，克隆技术目前只是从生物学角度复制生命体，并没有真正复制原来生命的经历、记忆、爱好、性格等精神内容，离“精神克隆”还非常遥远，在利用克隆技术防治植物病虫害、挽救濒危动物等方面仅仅是一个令人百谈不厌的话题，距离实现人类心中美好愿景还有很长的路要跋涉。

【科学链接】

◆ 2002年10月16日中午，中国第一头利用玻璃化冷冻技术培育出的体细胞克隆牛在山东省梁山县诞生，与正常出生的奶牛体征无异。在此之前，中国一直沿用的是鲜胚移植技术。2017年11月27日，中国科学院公布世界上首只体细胞克隆猴“中中”诞生，10天后第二只克隆猴“华华”诞生。这是人类第一次实现非人灵长类哺乳动物体细胞克隆，标志着中国的克隆技术走在了世界的前列！

◆ 2011年9月，江苏省农业科学院畜牧研究所陆续诞生多只转人α－乳白蛋白基因的克隆奶山羊。据动物遗传资源与草食家畜育种项目组负责人曹少先博士介绍，转基因克隆奶山羊的诞生经历了基因克隆、载体构建、细胞转染、体细胞核移植及胚胎移植等一系列复杂的操作程序，研究目标是通过转基因克隆技术培育出能分泌人乳白蛋白的奶山羊新品系。这种携带人乳白蛋白基因的奶山羊所产羊奶具有提高机体免疫力，促进婴儿神经发育，改善睡眠、增进食欲的功效。

世界上最亮的……

激光

20世纪以来，最先进、最前沿的科技新知除了原子能、计算机等，“激光”也是不能缺席的。它被称为“最快的刀”“最准的尺”“最亮的光”。它一问世，就获得了超乎寻常的发展，不仅使古老的光学科学和光学技术获得了新生，而且导致整个一门新兴产业的出现。激光可使人们有效地利用前所未有的先进手段，去获得空前的效应和成果，从而促进工业、医疗、天文和军事的快速发展……

世界上什么光最亮？谁也想不到，它是激光，而且是人类自己制造出来的，比太阳还要亮100亿倍呢。世界上第一位真正把激光研制成功的是一位名不见经传的美国科学家梅曼。

被惊醒的噩梦

梅曼的成功离不开另一位美国科学家戈登·古尔德的灵感。古尔德于1920年7月17日出生在纽约市，上大学读物理专业时，开始对激光感兴趣。第二次世界大战爆发的时候，他参加了著名的"曼哈顿工程"，即原子弹研究工程，对原子的力量有了新的认识，同时对原子弹爆炸产生的耀眼的光，一睹不忘，希望有一天，人类也能够对这些光开发利用，不要让它白白浪费掉。战争结束，古尔德又投入了紧张的学习，在哥伦比亚大学继续攻读博士，同时一边在纽约市政学院授课，一边收集激光方面的知识，更加关注起激光的研究。

1957年11月9日是个星期六，37岁的古尔德由于看书太晚，直到深夜也没有入睡。后来，刚入睡又被一场噩梦惊醒，"啪"，他拉亮了电灯，刹那间，一个灵感在心里产生了：电灯发出的光为什么会是白色的，要是换成别的颜色还会这样刺眼吗？按照这个思路，古尔德的心里对光产生了一连串的奇思妙想。这一夜，他彻夜无眠，对自己的灵感，对光的作用，一一勾画出了它的用途，以及制造它的各种组成部分。醒来后，他找到附近一家糖果店老板，要求他当证人，证明光能够集成一束束的，并产生一种神奇的力量。可是，古尔德只停留在这个"金点子"上，没有再作深入的研究。当然，他是世界上第一个提出激光可以实际应用的科学家！

人类第一次制造出的“光”

其实，早在 1916 年，爱因斯坦便提出一套全新理论，认为在组成物质的原子中，有不同数量的电子分布在能级上，受到某种光子的激发，会出现一个弱光激出强光的现象。

1959 年 8 月，梅曼才把注意力转移到对激光的研究上来。当时，已经有好几位权威科学家对激光进行研究，而且“胜利在望”，特别是美国无线电物理学家汤斯和肖洛刚刚在《物理学评论》上发表一篇影响较大的论文，苏联的一些科学家也纷纷提出自己的想法。因此，人们对梅曼这个“半路出家”的研究者不抱什么希望。

可是，梅曼的研究在 1960 年有了意外的惊天之喜，竟然搞出了世界上第一台红宝石激光器。他把一根长 1.90 厘米，半径为 0.95 厘米的红宝石圆柱体磨平后镀上银，让氙闪光灯照射，突然发射出一束深红色的光，它的亮度竟然达到太阳表面亮度的 4 倍。

这就是人类第一次成功制造的光——激光。

大显身手的激光

激光是当今世界上最亮的人造光。

它方向性极好，发射角极小，几乎只沿着一个方向传播。根据这一特性，1970 年，美国康宁玻璃公司的三位研究人员马瑞尔、卡普隆和凯克，首先研制成功了传输损耗只有每千米 20 分贝的光纤。1977 年，在美国芝加哥和圣塔摩尼卡之间首次开通了商用的光纤通信系统，一对只有头发丝粗细的玻璃丝（直径0.85微米），竟然能同时开通8000路电话（传输速率达45兆比/秒）。这一成果震惊了世界。

激光作为武器，可以用来击落导弹、飞机和卫星，是最先进的防御武器，有很多独特的优点：一是“速度快”，可以用光速飞行，每秒30万千米；二是“目标准”，一旦瞄准，几乎不会错失目标；三是“能量大”，它可以在极小的面积上、在极短的时间里集中超过核武器100万倍的能量。

现在，激光已经得到人们的高度重视和广泛应用，有了能够监测大气污染的激光雷达，有了为病人切除肿瘤的激光手术刀，有了在海湾战争中大显神威的激光制导炸弹……激光，正在迅速地改变着人类的生活。

【科学链接】

★激光只沿着一个方向传播。它从地球传到月球上，近40万千米的路程其光斑直径仅有1千米左右，这是其他光源无法做到的。如果用的是探照灯，则绝大部分光早就在中途“开小差”了。普通光源总是向四面八方发散，作为照明来说是必要的。但要把这种光集中到一点，则绝大多数能量都会被浪费掉，效率很低。

★南京激光科技馆坐落于长江南岸、美丽的栖霞山脚下的南京经济技术开发区内，是我国目前唯一的激光专业科技馆，现已正式成为省、市科普教育基地。激光科技馆主要设有序厅、激光简史、光彩世界、激光紫金四个展厅和激光互动游戏。科技馆以太空舱为设计蓝图，采用未来、科幻主义的展示风格，运用丰富的声、光、电等多媒体手段，结合激光相关模型，给参观者普及激光科普知识，带来赏心悦目的感官体验。

让“制造”告别车间

3D 打印

不管你信不信，3D 打印已经走进了人类的生活。这是一种以数字模型文件为基础，运用粉末状金属或塑料等可黏合材料，通过逐层打印的方式来构造物体的高新技术。它让制造业告别传统意义上的“车间”，直接打印出汽车、美食、服装、房子以及各种零部件。越来越多的事实已经证明，3D 打印不再是科学家和设计师的梦想，而是逐步走出了实验室和工厂，正在掀起人类制造业的一场史无前例的革命，属于数字时代的新成果……

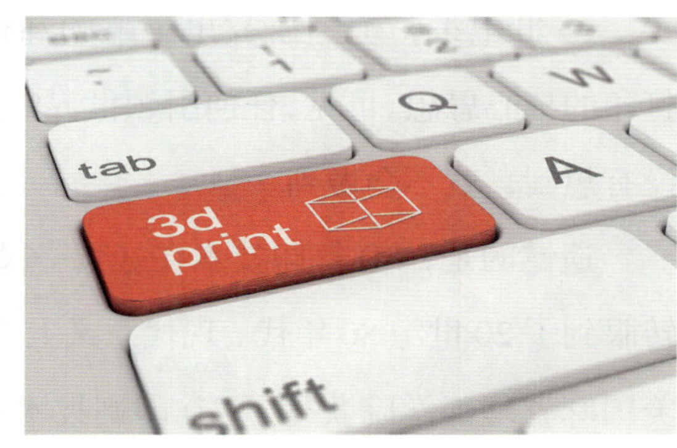

3D 打印被称为“增材制造”，是一种以数据设计文件为基础，运用粉末状的金属或塑料等可以黏合的材料，把这些材料逐层沉积或黏

合来构造物体的技术。它的出现，不仅为工程师和设计师提供了一条崭新的制造途径，也对信息、材料、生物、控制等技术领域进行了无法阻挡的渗透，对未来制造业和人类的生活生产方式将产生重要的影响，堪称是一项前所未有的高科技。

3D 打印的“前世今生”

19 世纪末，美国研究出了雕塑和地貌成型技术，随后产生了 3D 打印的核心思想。可见，任何引领世界的发明创造都离不开“异想天开”。没有想到，就不会做到。

遗憾的是，3D 打印技术在好长一段时间都是“藏在深闺人未识”。转眼到了 20 世纪 80 年代，现代意义上的 3D 打印技术诞生了。1993 年，美国麻省理工学院获得了 3D 印刷技术专利，随后成立 3D 打印公司，开发出第一台商用的 3D 打印机。

3D 打印的第一步是定位软件设计文件。要先把设计文件保存到能被 3D 打印机内置软件读取并使用的特殊格式，该文件可以告知 3D 打印机的内置软件需要打印什么。第二步才是物理打印过程。第一层打印完了，再开始打印第二层。一份文件（设计的物品）可能要持续几小时，甚至几天呢。简单地说，它需要用可黏合的金属或塑料重新在智能机器的程序下，按照设计路径打印出来，打印的过程就是制造的过程。

2019 年 1 月 14 日，美国加州大学圣迭戈分校首次利用快速 3D 打印技术，制造出模仿中枢神经系统结构的脊髓支架，成功帮助一只老鼠恢复了运动功能。

2020 年 5 月 5 日，中国首飞成功的长征五号 B 运载火箭上搭载了 3D 打印机。这是中国首次太空 3D 打印实验，也是国际上第一次在太空中开展连续纤维增强复合材料的 3D 打印实验。

至此，3D 打印成了一项闻名世界的新科技。

“打印”美食

如果说利用 3D 打印技术制造出脊髓支架、太空复合材料等离我们很远，那打印美食可就是我们最为熟悉的事了。瞧，打印机里吐出的不是纸张、油墨，而是好吃的，真神奇！

当然，3D 打印机用的原料是液化食物，都是可以食用的原料，如巧克力汁、面糊、奶酪等。操作人员把液化的原材料放进打印机的容器后，再点击打印机的食谱设定，剩下的工作就可以交给 3D 食物打印机来完成，打印出来的是可口的、可以吃的食物。

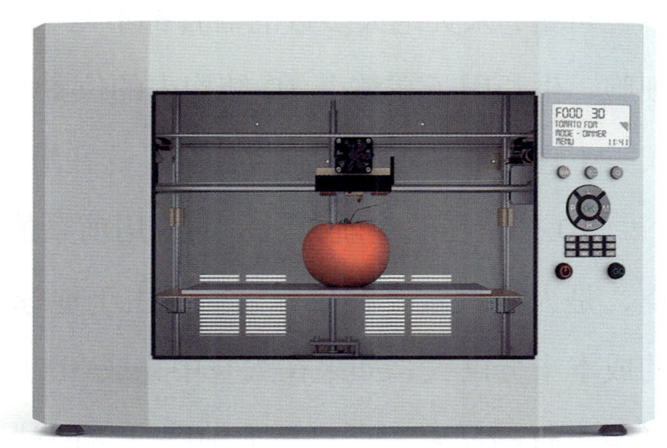

2012 年 10 月 23 日，荷兰媒体报道，荷兰国家应用科学研究院的研究员克耶德 · 范博梅尔说，3D 食物打印机由控制电脑、

自动化食材注射器、输送装置等几部分组成，使用的人先在电脑预先存储的100多种立体形状中挑选喜欢的造型，然后点击“打印”，注射器上的喷头就会将食材均匀喷射出来，以层层打印的方式制作出立体小甜点。

嘿，让你想不到的是，打印出来的美食，不但色、香、味与车间生产出来的食物一样，而且又快又好。这对爱好美食的朋友来说，是十分利好的消息！打印机的按钮一按，一块巧克力就能够打印出来，秀色可餐。

3D打印“诱人的未来”

3D打印具有高度定制化的特点。

3D打印在生物技术上前景广阔。3D生物打印的最终目标是融合医学、工程学、生物学、材料学的相关技术，打印出跟人类的组织或器官完全相同的替代品，用来修复和移植人类的组织或器官。

可是，人类绝大多数的器官都不是单一细胞，怎样控制生物材料、细胞、生长因子在整个3D结构中的位置和互相作用，使它能打印出与人类生理活性相近的细胞或器官，这在短期内是一道难解的课题。

3D打印在航空航天领域的应用前景值得探索。飞出地球，走向太空，是人类最重要的目标之一。由于地球与太空之间距离遥远，运输的成本十分巨大，如果在太空中完成3D打印，以满足宇航员的生活和飞船飞行的需要，那将极大地降低空间站对地面补给的依赖。同时，使用3D打印技术利用小行星材料进行太空基地建设，将在未来的太空开发中发挥重要作用，也将极大地提高人类对宇宙的探索本领。

未来会来，人类对3D打印技术还有更多的期待！

【科学链接】

◆ 3D打印不断创造奇迹：2010年11月，世界上第一辆由3D打印机打印而成的汽车问世；2012年11月，苏格兰科学家利用人体细胞首次用3D打印机打印出人造肝脏组织；2014年8月31日，美国宇航局的工程师们完成了3D打印火箭喷射器的测试，可产生2万磅的推力，约为9吨左右，验证了3D打印技术在火箭发动机制造上的可行性。

◆ 2013年8月7日，中国3D打印研究院依托快速制造国家工程研究中心，在南京紫金（江宁）科创特别社区成立。该研究院重点开展医疗康复、航空制造、航天科技、汽车研发、生物制造等领域3D打印工艺、装备、材料、应用等产业化技术研发，逐渐实现技术转化，优先在建设地孵化。

挂在星空的“农场”

——太空育种

仰望星空的科学家，一直梦想能够实现“太空移民”，让人类住在月球或其他星球上。可是，人类在太空中居住，最简单的问题是怎样才能吃到新鲜的食物。如果依靠运输食物来满足生存需要，成本太昂贵。最理想的办法是在星空开辟“农场”，培育适应太空环境的粮食、蔬菜等品种，为太空居民提供源源不断的食物，让星际旅行成为可能……

2011年6月6日，在哈萨克斯坦的拜科努尔发射场，准备搭乘“联盟”号载人飞船前往国际空间站的日本宇航员古川聪，在新闻发布会上宣布一条惊天消息：他本人对黄瓜这种植物情有独钟，打算在国际空间站种黄瓜！但按照规定，宇航员不准吃这些太空黄瓜！嘿，这让太空黄瓜又蒙上了一层更加神秘的面纱……

其实，自从人类掌握了空间技术开始，就一直梦想能建设“太空农场”，实现太空食物的自产自给，而迈出第一步的正是“太空育种”。

阳光的强与弱

嗯，没错，想在太空建农场，首先要考虑的就是“太空育种”。

我们都知道，植物生长离不开阳光。可是，在宇宙中晒太阳那可不是一件轻松的事儿，而且也不是阳光越灿烂越好的。来自太空的高能质子、阿尔法粒子这样的宇宙射线，不仅可以直接破坏植物的蛋白质和 DNA 结构，甚至会直接要了植物的命，让它们根本活不下去。在没有大气层保护的太空环境下，大量的紫外线会把植物们“搞”死的。

阳光太强，植物无法健康生长。那么，阳光太弱是不是就可以在太空育种？并不是这么简单。未来的空间站或飞船如果远离太阳，进入太空深处，那可能就没有阳光，或者阳光很弱，需要用电来照明种植粮食和蔬菜。可是，用电照明让植物获取光，是要消耗很多能源的，不是一件轻松的事。

可见，不论是强光还是弱光，要想植物像在地球的农场里一样生长，都是一道难题，好在太空育种早在 20 世纪就已迈出了坚实的步伐。2006年，俄罗斯宇航员终于两次在空间站里收获大麦，还把收获的大麦种子放入特制容器中，在零下80摄氏度环境中保存，再由航天飞机带回地球，供俄罗斯、美国和日本专家研究使用。当然，这些大麦是否能够安全地端到普通百姓或者宇航员的餐桌上，还需要一定的技术和时间来检验呢。

太空育种的那些难事儿

植物生长除了阳光以外，还需要水。植物的叶子通过蒸发水分来降低温度，避免被阳光灼伤。正常情况下，小麦每长出1克的物质（包括不能吃的部分），就需要用掉513克水。植物光合作用还需要消耗二氧化碳，如何恰到好处地控制二氧化碳来维持植物生长，也是一件棘手的事。

在太空育种还要解决重力问题。在重力作用下，植物的根才会往下扎，枝、叶向上拓展，可是在太空失重情况下，植物分不清天和地，会乱七八糟地胡乱生长。人类在太空育种的历史上，就曾发生过这样的“悲剧”：

1975年，在苏联“礼炮-4”宇宙飞船上，宇航员播下小麦种子。15天后，小麦出芽后竟然长到30厘米这么长，比地球上长得快多了。可是不久，专家们发现小麦不仅没有抽穗结实，反而渐渐枯萎……

太空育种的前景

为了解决太空育种的失重问题，美国生理学家塞姆·拉西克夫建议用电刺激方法来解决。后来实验证明，这种方法切实可行。受电刺激的葱头，长得绿油油的，像种植在地球上一样。现在，在宇航员的餐桌上，已摆上了自己栽培的新鲜葱头。

太空育种就是把农作物种子或试管种苗送到太空，利用太空特殊的、地面无法模拟的环境，使种子产生变异，再返回地面选育新种子，使植物生长高产、优质、早熟、抗病力强等。截止到2020年9月，我国先后30多次利用返回式卫星、神舟飞船、天宫空间实验室和其他返回式航天器搭载植物种子，已在千余种植物中培育出700多个太空育种新品系、新品种，包括粮、棉、蔬菜、瓜果、牧草和花卉等植物。通过太空育种，培育出了一批优良的新品种，如：太空水稻、太空小麦等，都能够增产和增加蛋白质含量；太空青椒枝叶粗壮，所含维生素C提高20%；太空黄瓜藤壮瓜多，瓜体奇大，单果重850—1100克；太空番茄比常规番茄增产15%以上；太空万寿菊的花期竟延长6个月以上；太空大蒜能长到近半斤重。

太空育种是当今世界农业领域中最尖端的科学技术之一。目前，世界上只有美国、俄罗斯和中国三个国家拥有返回式卫星技术。在这方面，中国走在世界前列。

【科学链接】

◆ 2022 年 5 月 19 日，中国载人航天工程网公布了神舟十二号和神舟十三号载人飞船航天育种实验项目清单。据介绍，在空间站关键技术验证阶段历次飞行任务中，都安排了航天育种实验项目，并通过神舟十二号和神舟十三号载人飞船返回舱带回 88 家单位上千件（份）作物种子、微生物菌种等航天育种材料。

◆植物的种子在太空不是百分之百会发生突变，据统计，一般种子突变率仅在 0.05%—0.5% 之间，一点变化都没有的种子大量存在。太空种子在发生突变中也不是总向好的方向发展，并非全都是抗病能力增强、高产和早熟等有益变异，还出现了一些不利于生产的劣性突变呢。因此，太空育种还有很长的路要走，毕竟太空是一种特殊的极端环境。

把“魔鬼”变成“福星”

核能

人类认识并利用电能以后，蒸汽机已经不是最重要的动力来源了，因为除了煤，还有石油、天然气以及倍受推崇的太阳能，都是人类的力量之源。不过，在日新月异、高速发展的当今社会，核能才是最有潜力的绿色能源，前途十分光明。提到核能中的核裂变，我们最害怕又最喜欢谈论的话题，那就是“魔鬼”一般可怕的原子弹。想一想，科学家能不能把它变成造福人类的“福星”呢?

人类发现核能（原子能）是20世纪的事情，算起来也就是百年的历史，但是它对人类科学进步的影响是巨大而深远的。核能被称为绿色能源。

在沥青渣里“淘金”

1898 年 12 月 26 日，居里夫妇宣布，他们发现了新元素——镭。镭的奇迹般的发现，揭开了原子核物理的第一页。

居里夫人大学毕业后，与物理学家皮埃尔·居里结婚，并在他的实验室里工作。有一次，居里夫人在检查沥青铀矿时发现，这种矿物具有很强的放射性。经过多次实践，居里夫人发现了钋元素，它的化学性质与铋相同，放射性比铀大 400 倍。

1898 年年底，钋元素发现后，居里夫妇又继续研究放射物质，他们又从含钡部分确认了另外一种新的元素，是他们所发现的放射性最强的未知元素。它的放射性比纯铀盐强 900 多倍，在黑暗处能自动放出些亮光。他们把它命名为“镭”，在拉丁文里为“放射”的意思。

1902 年，居里夫妇通过艰苦繁重的劳动，从数吨沥青矿渣中提炼出了 0.1 克纯净的氯化镭，在光谱分析中，它清楚地显示出镭的特有的谱线，与已知的任何元素的谱线都不相同。

一份秘密“情报”

随后，英国科学家卢瑟福利用居里夫妇发现的放射能来研究原子的构造。1919 年，卢瑟福成功地完成把某一种元素变成另一种元素的实验。卢瑟福确认核反应可以把一种元素变成另外一种元素，为实现原子能的利用迈出了重要的一步。后来，以爱因斯坦为代表的一批科学家经过不懈努力，终于发现原子具有原子核，而原子核中又蕴含着巨大的能源。

1938 年，获得了诺贝尔物理学奖的意大利科学家费米来到了美国，并向有关科学家提供了一份重要军事情报：德国化学家奥托·哈恩和施特拉斯曼正在进行核裂变实验,并发现了铀的核裂变现象。他们认为，每裂变一个原子可以放出 2 亿电子伏的能量。天哪，核裂变竟然有这么大的能量!

1939 年 8 月，这几个心急如焚的科学家，又把这一秘密情报告诉了当时最有声望的科学家爱因斯坦。对此，爱因斯坦也表示了极大的担忧，他提笔向美国总统罗斯福写了一封信，指出了核裂变的巨大威力以及可能造成的严重后果。写完信，他松了口气，又将信交给了总统的密友、金融家萨克斯，希望他能找到适合的时机向总统陈述其利弊。萨克斯没有辜负他们的希望，向总统罗斯福反复劝说，可是，没有一点效果，最后他忽然想到了一个故事，便笑着说：“总统，我想讲一个历史故事，您大概不会不爱听吧。”接着，萨克斯娓娓而谈，巧妙地告诉罗斯福，法国拿破仑由于不重视富尔顿发明的蒸汽机军舰，使他丢失了横渡英吉利海峡征服英国的机会。假如他能够重视科技成果的话，也许历史会重新改写……

经过一番深思熟虑以后，罗斯福总统决定采纳费米、爱因斯坦等科学家的意见，下令成立代号为“S-11”的特别委员会，立即进行原子弹的研究制造。

1945 年 7 月 16 日 5 时 30 分，第一颗原子弹“瘦子”爆炸了，蘑

菇云升到了万米高空，爆炸点周围 700 米的沙漠表面被炙热的火焰熔成了一片玻璃体，闪光照亮了 16 千米以外的山脉，产生了相当于 2 万吨黄色炸药的能量……

科学家们真切地感受到原子弹巨大的杀伤力！于是，他们一致建议不使用原子弹来杀害无辜的平民。可是，让科学家们万分无奈的是，原子弹还是走出了“魔瓶”，在日本的广岛、长崎相继爆炸……

“核裂变”与“核聚变”

事物都有两面性。从另一个角度来看，原子弹的成功爆炸为人类研究原子的裂变并获取新能源开辟了又一条新途径。如今，这种能量已经应用于核电站，成为一种绿色能源。

原子核反应可分为“核裂变”和“核聚变”。核裂变是把沉重的原子分裂成较轻的原子反应，原子弹的爆炸利用的就是核裂变原理，包括当前人类所能运用于发电的核能都是由核裂变产生的。核聚变是原子核合并在一起时释放出巨大能量的过程。虽然都是原子能，但是核裂变和核聚变之间的差异很大。

目前人类对“原子能”的利用，还停留在非常初级的“核裂变”和“核聚变”阶段，特别是对核聚变的掌握尚且处于一个“不可控”的阶段，除了能够用它制造氢弹，产生毁灭性的威力外，却不能像人类利用核裂变的原理那样，用它来发电。如果有一天，人类利用核聚变来发电，生产出可控的核聚变电池，安装在自行车、汽车、飞机，甚至航天飞机上，那就不用经常给电动车充电、航天飞机加油啦，也许星际旅行能变成现实。

【科学链接】

◆原子能是一种经济并且不受时间限制的可利用能源，如阿波罗宇宙飞船设在月球上的观测器，就是由原子能电池来提供。但是，对原子能的使用同样充满了争议。因为如果核电站发生事故，就会产生致命的核辐射。1986 年，乌克兰的切尔诺贝利核电站就发生过这样的悲剧。

◆鉴于核电站事故的风险，1951 年以来，科学家开始研究核裂变的逆向过程，也就是核聚变。在氢气等轻元素聚变过程中，同样也能产生巨大的能量。核聚变需要 1 亿摄氏度至 2 亿摄氏度的高温。1973 年，美国使用激光炮，首次制造出了核聚变所需要的温度环境。

骄傲的“大国重器”

北斗导航

在远古时代，在晴朗的夜晚，古人通过观察北斗星的位置来确定自己所处的位置，从而不会迷失方向。后来，中国人又发明了司南，那是世界上最早的导航装置，为船只在茫茫大海上航行指明了方位。现在，中国的北斗卫星导航系统能够给人们提供定位、导航、授时服务等，成为世界上公认的三大导航系统之一，并随着北斗系统建设和服务能力的发展，逐步在交通运输、海洋渔业、气象预报等方面发挥重要作用，属于一项国人骄傲的国家重大科技成果。

北斗卫星导航系统（简称 BDS）是我国自行研制的全球卫星导航系统，也是继 GPS（全球定位系统）、GLONASS（格洛纳斯全球卫星导航系统）之后的第三个成熟的卫星导航系统，堪称“大国重器”。它的诞生不像爱迪生发明电灯那样，凭一己之力就可以实现，而是整合国家的科技资源，组成一个高效的团队来完成这一战略性任务的。

北斗的“三步走”

自20世纪80年代，我国开始探索适合国情的卫星导航系统发展道路，它属于国家战略，体现的是国家的意志和力量。它的发展始终与国情、国家科技综合实力相结合，可概括为“三步走”：

第一步，建设北斗一号系统。1994年启动北斗一号系统工程建设。2000年，发射2颗地球静止轨道卫星，建成系统并投入使用，为中国用户提供定位、授时、广域差分和短报文通信服务。

第二步，建设北斗二号系统。2004年，启动北斗二号系统工程建设。2012年年底，完成14颗卫星（5颗地球静止轨道卫星、5颗倾斜地球同步轨道卫星和4颗中圆地球轨道卫星）发射组网。北斗二号系统的建成，可以为亚太地区用户提供定位、测速、授时和短报文通信服务。显然，它的服务能力比一号系统有了大幅提升。

第三步，建设北斗三号系统。2009年，启动北斗三号系统建设。2018年年底，完成19颗卫星发射组网，完成基本系统建设。2019年9月，北斗卫星导航系统在轨卫星已达39颗。2020年6月23日9时43分，我国在西昌卫星发射中心用长征三号乙运载火箭成功发射北斗系统第五十五颗导航卫星，完成了北斗系统的最后一颗全球组网卫星。

至此，北斗三号全球卫星导航系统实现了全球开通，完美地描绘了“三步走”的战略蓝图。

那些藏在星云里的“眼睛”

国家为什么那么重视北斗卫星导航系统的建设？全球为什么会聚焦这一宏伟的工程？这与它的重大作用是分不开的。北斗卫星导航系统就像一张大网，每一颗卫星就像藏在星云里的“眼睛”，明察秋毫，一刻不停地为人类的军事、农业、工业、气象等发挥着作用。

北斗卫星导航系统能为现代军事装备“保驾护航”。战斗机、导弹、舰艇、潜艇、火箭发射车等都需要它来提供导航定位。如果有一天，它“偷懒”了，睁一只眼闭一只眼，飞机可能就会迷失方向，发射的导弹就会偏离目标。除了导航以外，它也是“国防利器”，能够对敌侦察、

指挥空中打击等。

北斗卫星导航系统能为渔业发展撑起“保护伞”。我国是渔业大国，海洋渔业水域面积300多万平方千米，从事海洋渔业的渔船、渔民众多。有了北斗卫星导航系统，就可以及时地向渔业管理部门提供船位监控、紧急救援、信息发布、渔船出入港管理等服务。北斗卫星导航系统不仅能够进行快速的位置报告，同时具有短报文功能，这是世界上其他导航系统不具有的。

北斗卫星导航系统能为农业发展插上腾飞的“翅膀”。随着农业现代化步伐的加快，无人驾驶拖拉机、植保无人飞机、无人采棉机等智能农机装备越来越多地投入到农业生产活动中，而这一切都离不开北斗导航系统提供精确的位置导航和系统监管等。目前，北斗农机自动驾驶系统已在新疆、内蒙古、黑龙江、广西、河北、山东、陕西、湖北、安徽等地区实现规模应用，节省了大量的人力、物力与财力，实现了农业的智能化。

经过几十年的发展，几代航天人的努力，中国的北斗卫星导航技术终于走在了世界前列。茫茫云海里，不论阴晴，也不管风霜雨雪，总是有北斗卫星导航系统组成的卫星群，像一双双不知疲倦的眼睛，为我们的交通出行、气象预报、治安管理等提供精准的信息，也向世界展示中国在太空的闪耀。

【科学链接】

◆北斗系统由空间段、地面段和用户段三部分组成。空间段由若干地球静止轨道卫星、倾斜地球同步轨道卫星和中圆地球轨道卫星组成。地面段包括主控站、监测站等若干地面站，以及星间链路运行管理设施。用户段包括北斗及兼容其他卫星导航系统的芯片、模块、天线等，以及终端设备、应用系统与应用服务等。北斗卫星导航系统可在全球范围内全天候、全天时为各类用户提供高精度的定位、导航、授时服务，定位精度为分米、厘米级别，测速精度0.2米/秒，授时精度10纳秒。

◆北斗卫星导航系统在公安警务活动中大显身手。截至2018年12月，全国40余万部警用终端联入警用位置服务平台。在亚太经济合作组织会议、20国集团峰会等重大活动安保中，北斗卫星导航系统发挥了重要作用。在禁毒作战中，公安干警利用北斗定位和短报文通信服务，可以对毒品案件的线索采集、案件侦查、情报研判等快速精准处理，高效便捷。

护好绿色宜居的地球

“双碳”

2022年的6月中旬起，我国多地出现了百年不遇的高温天气。国家气候中心报道，我国高温热浪事件达61年来最强。与此同时，世界上许多国家和地区相继出现了破纪录式的极端高温。2022年是欧洲500年来干旱最严重的一年，一向气候凉爽的芬兰气温突破了30℃，挪威北极圈内的气温甚至直逼32.5℃，打破有史以来气象观测的高温纪录。罕见的高温现象，让人们的目光再次聚焦“双碳”这个不得不面对的话题……

2021年，我国提出要把碳达峰、碳中和纳入生态文明建设整体布局，如期实现2030年前碳达峰、2060年前碳中和的目标。“双碳”成了中国人的热词。“碳达峰”指的是工业、农业及人们日常活动产生的二氧化碳排放量达到最高峰值之后逐步回落；“碳中和”是把人类排放的过多的碳用一定形式给“消解”掉，通过植树造林、节能减排等抵消自身产生的二氧化碳排放量，实现二氧化碳“零排放”。可见，实现碳达峰、碳中和是一场涉及经济社会的大变革，也是一场工业技术革命！

莫让地球成为下一个“金星”

科学家长期研究成果告诉我们，人类生产生活方式的变化，导致二氧化碳排放量持续增高，地球才会出现极端的高温天气。通俗地说，

二氧化碳是全球变暖的真正推手。2021年8月，国际组织IPCC第六次评估报告正式发布，指出人类活动导致气候变暖的结论是明确的。

为此，南京一位大学教授以太阳系里的金星为例，揭示了变暖的极端后果。金星大气主要成分为二氧化碳，占比96%，可以说是一个被二氧化碳包裹的星球。由于二氧化碳严重的温室效应，金星上温度无论是向日面，还是背日面都是在400℃—500℃，完全像一个熊熊燃烧的大火炉。

地球变暖会带来干旱、粮食减产、经济衰退等。高温还会引发山火，固定在植物中的碳会被大量释放出来，加剧二氧化碳的排放。冻土中的一些细菌也因气候变暖而活跃起来，从而加剧甲烷的释放。如果地球上温室气体的排放不加以遏制，一旦超过自然承载的限度，地球或许会成为下一个金星。

用什么来“抓”碳

在距今约2.5亿年的二叠纪末，地球上爆发了一次物种大灭绝，当时地震频繁，火山爆发释放出的甲烷和二氧化碳（大量地下植物残体产生），使得当时全球平均气温升高约30℃。二叠纪末期的二氧化碳含量在1000ppm，根据近十年大气中二氧化碳增量为2ppm/年，当前为420ppm，要达到1000ppm需要290年。嘿，这么算来，不超过300年，那次生物大灭绝或许会重演呢。

那么，人类应该怎么办呢？科学家提出，可以通过CCUS技术，将过量的二氧化碳存储起来。CCUS 技术全称“碳捕集利用与封存”，就是“抓”碳，指将二氧化碳从工业过程、能源利用或大气中分离出来，然后直接加以利用或注入地层，以便实现二氧化碳永久减排的过程。

哎，这可是一项“黑科技”，说起来容易，做起来难。那么多的二氧化碳排放，不是一般手段就可以“利用与封存”的，科学家们的攻关还在路上！

怎样“固”碳

地球上的绿色植物本身就可以通过光合作用来“消化”大气中的二氧化碳，它们是天然的“固”碳大师。据科学家测定，全球大气中每年有 4510 亿吨二氧化碳通过生物转化来固定，如果其中能有 7.8% 转化为生物质能替代化石能源，可减少相当量二氧化碳的排放！因此，

转变生产方式，向科学技术要“固”碳，是一条不错的选择。

南京一所高校的学者估算，10 亿吨秸秆相当于 5 亿吨标准煤，大约产生 17 亿吨的二氧化碳当量，如果将流程工业中的化石能源、资源用生物质能、生物质资源替代，那么减排潜力是巨大的，远景十分诱人。目前，我国废弃生物质总量为40亿吨，一般的处理方式就是焚烧、填埋、腐熟，这些过程会排放超过 10 亿吨二氧化碳当量。如果进行转化利用，其中 40% 可作为生物质基材料，30% 可用作生物质化学品，30% 可用作生物质基燃料，总共预计减排可达到 17 亿吨二氧化碳当量。

现在，随着太阳能、风能、水能等技术的发展与利用，我们可以节省许多石化资源，从而减少二氧化碳的排放量，实现能源的清洁、绿色、高效发展。在可以预见的未来，伴随着这些技术产品的应用，我国的双碳目标一定能实现，我们一定能为守护一个绿色宜居的地球做出应有的贡献。

【科学链接】

◆ CCUS 主要分为四个环节，碳捕集、碳输送、碳利用和碳封存：在碳捕集环节，可分为燃烧前捕集、燃烧后捕集、富氧燃烧等；在碳输送环节，根据运输方式不同，可分为罐车运输、管道运输和船舶运输；在碳利用环节，可分为物理利用（驱油、驱气）、化工利用（制成化学品）和生物利用（生物柴油）等；在碳封存环节，根据封存位置不同，可以分为陆地封存（咸水层、枯竭油气井等）和海洋封存。

◆《京都议定书》创新性地引入市场机制来解决全球气候的优化配置问题，其中一项就是把二氧化碳为代表的一些温室气体的排放权定为商品，形成了这种排放权的交易称为“碳交易”。譬如，在环保监管政策下，国家给到企业每年 1 万吨的碳排放配额，企业当年就只能排放 1 万吨，如果想要超排，那超出的部分就得花钱去买排放权，否则将面临处罚。这样，碳交易具有减排成本低、可为企业减排提供灵活选择的优势，既是一种约束，又是一种激励，在国际上普遍被认可。

第3章

科学观察员

飞翔的“魔眼”

电子鹰眼

人是万物之灵。可是，人不是万能的。即使我们的眼睛能明察秋毫，可是与鹰眼相比也逊色无比。鹰眼的瞳孔直径是人眼瞳孔的2倍左右。想一想，鹰眼有多厉害！于是，仿生学家通过研究鹰眼的结构特点，发明了世界上第一台电子鹰眼，改变了人类高空侦察的历史……

唐代大诗人王维的“草枯鹰眼疾，雪尽马蹄轻”，使鹰眼的名气变得家喻户晓，但是，从科学的角度来讲，鹰眼究竟有多厉害，不要说古代的学童说不清楚，就是现代人，如果不是从事科普工作或者有一定的生物学知识，也讲不出子丑寅卯。如果不是研究仿生学的，对鹰眼给人类的启示或带来的发明创造，也是一头雾水的。

神奇的鹰眼

在动物王国，鹰眼是被公认的最发达的视觉器官。它翱翔在2000—3000米的高空时，两眼能够虎视眈眈地扫视地面上的猎物，甚至能够一下子分辨出在地面上快速奔跑的是野兔还是田鼠，并能够从高空俯冲而下，轻而易举地抓起在地上奔跑的猎物。这不仅得益于它那对宽大的翅膀、锐利的爪子，还归功于它那双敏锐的眼睛。因此，有人称鹰眼是世界上最神奇的“魔眼”。

是啊，鹰眼与众不同，眼球特别大，瞳孔也比较大，视网膜很厚，是一般的鸟眼所无法企及的。在一定范围内，瞳孔越大，分辨率越高。简单地说，鹰眼比人眼看得远，但是人眼近距离识别东西却远胜于鹰眼。只是隔一定的距离来观察物体，人眼是远远不如鹰眼的。

飞行员的困惑

侦察机发明以后，在很长一段时间，从事侦察的飞行员为看不清目标而发愁。我们都知道，侦察机是用来进行空中侦察的，主要是为了查明敌方的武器部署、军队调遣、地形特点以及与作战有关的其他情况。可是，当飞机在6千米的高空飞行时，飞行员只能看到两侧8—9千米和前方10—20千米的地面。更为遗憾的是，即使借助雷达，也很难分清地面上的物体是军车、货车还是以假乱真的诱饵。

后来，仿生学家受鹰眼的启示，综合利用仿生学上的研究成果，制造了电子鹰眼系统。这个装置系统里有带有望远镜的电视摄像机，还装配了显像用的电视荧光屏。飞行员在高空飞行时，可以从荧光屏里看到飞机下面宽阔视野的所有景物。有了这样一套先进系统，像 U–2 这样的高空侦察机，即使飞到 2 万米高空，也能清楚地拍摄到地面情况，并把观察到的情况直接发往地面接收站，使指挥机关及时了解侦察到的情况。同时，电子鹰眼还能把观察的情况储存起来，保存在录像带上，以备需要时直接显示在电视屏幕上。从此，电子鹰眼在高空侦察上屡建奇功。

【科学链接】

※ 据解剖学家研究发现，人的眼球视网膜上只有一个“中央凹”，其光感受器的密度每平方毫米约 14.7 万个感光细胞，这也是视觉最敏锐的区域，而鹰的眼球具有两个“中央凹”结构，在“中央凹”处的感光细胞数目很多，达到每平方毫米 100 万个左右，所以鹰眼要比人眼的视觉敏锐得多。

※ 武器专家还研制出具有“鹰眼”系统的“鹰眼导弹”，它能像老鹰跟踪田鼠一样，紧紧锁定自己要寻找的目标，识别出是飞机还是坦克，咬紧不放，直到炸毁目标。

永不迷失的坐标

天文导航

如果有一天，把你带到一个陌生的地方，不要说是深山老林，或无边无际的大沙漠，就是千里之外的一个城市，离开了手机导航，一般情况下，你仍然是难以找到回家的路。可是，加拿大的刺歌雀、北美的帝王蝶，以及“归来寻旧垒”的燕子，都能在不知不觉中创造飞行神话，纵横数千里。那么，它们为什么不会迷失方向？难道心中有一个神奇的坐标吗？

人类的导航系统层出不穷，而且会越来越多，如美国的GPS全球定位系统、欧洲伽利略卫星导航系统、俄罗斯格洛纳斯全球卫星导航系统和中国北斗卫星导航系统，人类出门远行靠观星望日的生活也从此不再。不管人类的导航系统如何变化，生物世界的天文导航本领都一代传一代，以人类难以想象的毅力坚守如初，永不迷失自己前进的坐标。

迁徙之谜

每当秋风吹起、落叶初飞的时节，在加拿大刚度完夏天的刺歌雀就成群结队飞往阿根廷，行程有4800—8000千米。它们穿山越岭，义无反顾，有的还只是刚出生几个月的幼鸟，从未到过阿根廷，也不会在长途飞行中迷路。

当然，不光鸟类有长途迁徙的本领，北美的帝王蝶也能够创造这种奇迹。数以百万计的帝王蝶每年跋涉3500千米，从繁殖场所美国和加拿大迁飞到墨西哥中部去生活。

有趣的是，鱼类和海龟迁徙的本领也很出色。一种鳗鱼从内河游入波罗的海，横过北海和大西洋，而后便准确地到达百慕大和巴哈马群岛附近产卵。生活在巴西沿海的绿色海龟，每年3月便成群结队地游向2200千米之外的产卵地——大西洋中长仅几千米的阿森松岛，在岛上产卵。这些生物为什么也不会迷失方向呢？有的科学家认为，海洋生物也有利用天体来导航的本领；有的科学家则认为，它们的嗅觉器官里有“指南针”，能够利用水中的气味来认路；有的认为它们能识别海流；有的认为它们是利用地磁场、重力场等来确定航路……众说纷纭，至今还是一个不解之谜。

关在天象馆里的白喉莺

生物的迁飞现象令科学家着迷。起初，学者对候鸟的导航本领提出了种种假说，可是都缺少充分的实验依据，无法让大家信服。后来，科学家用雷达观察发现，在夜里飞行的候鸟比在白天飞行的要多得多。那么，夜里比白天是不是更容易识别方向呢？因此，科学家推测鸟儿在白天飞行可能靠太阳认路，晚上可能靠星星认路。

为了证明这种猜想，科学家对北极的白喉莺进行了实验。这种鸟每年秋天从巴尔干半岛向东南飞，越过地中海，到达非洲，再沿着尼罗河向南飞，到这条河的上游去过冬。它主要在夜间飞行。科学家把白喉莺装在笼子里，带进了天象馆里，那里有人造的星空。当天象馆的圆顶上映现出北极秋季夜空的时候，站在笼子里的白喉莺便把头转向东南，就是在秋季飞行的那个方向。然后，人造星空根据白喉莺飞行的方向逐渐改变位置，白喉莺随着星象的变化，始终朝着它所要飞行的方向，仿佛正在做一场长途的秋季旅行。当科学家把“天空”向水平方向旋转了180° 时，斗转星移，白喉鸟还是向着相反的方向飞去。实验证明，白喉莺能根据它看到的天空里的星星来识别方向，找准自己的航向，科学家称“天文导航”。

被套上腿环的海鸥

有一年，英国自然博物学家洛克利在威尔士西部的斯科霍姆小岛

上，建立了英国候鸟标记站，每年有几千只海鸟被套上腿环。洛克利通过观察发现，斯科霍姆岛上的几千只做了标记的小海鸥，有的遭遇狂风暴雨的袭击，双翅无力，常常惨死在惊涛骇浪中，有的幸存者仍继续南飞，越过比斯开湾、葡萄牙海岸，横掠过赤道，最后终于到达南美洲的东海岸，每天平均飞行约520千米，几乎没有休息和觅食的时间呀！它们没有亲鸟的指点，独自飞往他乡，夜晚背朝北极星及其周围的星座，向着模糊的南十字星座飞翔。洛克利认为，小海鸥体内有一种从父母那儿继承的感知飞行路途天象的基因，经过千百年的进化，已经固化在它们的体内，依靠脑海里父母遗传下来的天象图来导航飞行。原来，太阳和星星已经成了它们脑海中“永不迷失的坐标”。

近年来，人们广泛应用遥测技术来研究生物的迁徙和定向，以精确查明它们的飞行路线。人类通过对生物利用太阳或星星作为定向标来导航飞行的研究，从中得到启示，设计制造了一种由光敏元件、电子计算机和操纵机构组成的导航仪，它就像“眼睛”一样能够一直瞄准太阳和星星，为飞机或轮船等安全导航。

【科学链接】

※ 生活在我国富饶美丽的西沙群岛的鲣鸟，白天飞向大海捕鱼，傍晚回到岛上栖居，从不误时，也从不迷路。有一种身长约 35 厘米的北极燕鸥，在北极营巢却要到南极越冬，每年往返飞行达 4 万多千米。

※ 生活在亚洲、欧洲和北美洲的太平洋、大西洋沿海的大马哈鱼，善于逆水游泳，记忆力十分惊人，日夜兼程，不辞辛劳，每昼夜可前进 30—35 千米，不管是遇到浅滩峡谷还是急流瀑布，都不退却，冲过重重阻挠，一直游到远离海洋达 2000 千米的江河上游的出生地。

会飞的“花朵”

——蝴蝶的启示

阳光下，蝴蝶扇动色彩鲜艳的翅膀，在花丛中翩翩起舞，被誉为“会飞的花朵”。古今中外，关于蝴蝶的传奇故事、诗歌、绘画、音乐等作品非常多，尤其是中国的“化蝶”曾经感动了一代又一代人，成为生死相依的爱情经典。可是，谁也想不到，蝴蝶除了风花雪月之外，竟然有专家把它与纸币防伪、百叶窗散热器等联系起来。想一想，其间有什么样的奥秘？

早在6500万年前，地球上就有蝴蝶了，全世界大约有17000—20000种蝴蝶。蝴蝶作为昆虫，它们都有独特的触角形状，都以翅膀的美丽而著称于世。最大的蝴蝶翅膀展开来可以达到24厘米，最小的蝴蝶翅膀展开仅有1.6厘米。蝴蝶大部分分布在美洲，尤其在亚马孙河流域的品种最多，我国的台湾也以蝴蝶品种繁多而闻名于世。蝴蝶是爱情的象征，是成双成对比翼而飞的。可是，在科学家的眼里，它们另有一种特殊的价值呢。

蝴蝶与防伪纸币

蝴蝶多姿多彩，也多种多样。如果从仿生学的视角来看，其中大凤蝶和山兰凤蝶，给人类带来的惊喜很值得我们一写。

生活在印度尼西亚的雨林里的大凤蝶，它的翅膀本来是黄色和蓝色，可用肉眼观察，却变成了闪闪发光的绿色。英国物理学家乌维克西和他的同事在用显微镜对大凤蝶的翅膀进行仔细观察之后，发现其结构别具一格——布满了下凹的小坑，每个小坑仅有万分之四厘米大小，坑的底部为黄色，斜面却是蓝色的。

那么，大凤蝶其翅膀颜色本来是黄色和蓝色的，在一般人看起来，为什么却是绿色的呢？乌维克西是这样解释的：当光线照射到小坑的底部被反射后，呈现黄色；而当光线照射到小坑的斜面上，会紧接着被反射到另一斜面，由于肉眼无法将从坑底反射的黄色光线和从斜面上两次反射的蓝色光线加以区别，因此只能产生绿色的感觉。

根据这一奇特现象，防伪专家们设想，只要在纸币或信用卡上面仿照大凤蝶的翅膀结构，制造出相似的小坑，那么就可以达到防伪的目的。即使造假者手段高明，在外表上把假币印刷得与真币极其相似，但他们却没有在假币上制造大小、数量与真币一样的小坑的技术。银行工作人员只要用专门的光学仪器来检测一下，纸币的真伪就一目了然。如果这一设想成为现实，纸币或信用卡的防伪技术将会有一个新突破。

山兰凤蝶是生活在南半球的岛国澳大利亚的一种蝴蝶，它们在花花绿绿的蝴蝶世界中有独一无二的特色——雄性山兰凤蝶的翅膀有鲜亮的蓝色，周边镶嵌有黑色。科学家在研究中发现，山兰凤蝶翅膀上的黑色素的微细鳞片结构能够“捕捉”光，由此形成了一种比黑色还要黑的“超黑色”。这种颜色看上去令人恐怖，但它是光学设备的宠儿，因为人类一直很难制造出“超黑色”，导致光学设备在应用起来的时候，也常常难随人意。有了山兰凤蝶带来的启发，我们相信“超黑色”这道光学上的难题将会最终被人类所破解。

蝴蝶与百叶窗散热器

蝴蝶在林间、草丛和花儿中飞舞，它的翅膀及身体表面有鳞片和丛毛，形成各式各样美丽的花纹。它那随着环境的变化而改变自身颜色的功能，是许多花布和服装设计师模仿的对象。骄阳似火，蝴蝶却依然在烈日下悠然自得地飞来飞去，难道体小纤弱的蝴蝶就不怕热吗？

人们对蝴蝶进行仔细观察和研究，发现蝴蝶的身体表面覆盖着一层细小的鳞片。在气温升高的时候，这层鳞片就会自动张开，以减少太阳光照射的角度，吸收的热量就减少了；当气温下降的时候，这层鳞片就会自动落下，让太阳光直射在鳞片上，吸收的热量就增加了。蝴蝶，成了一台天然的会飞的“空调”，当然不怕强烈的日照和寒冷的夜晚了。

人造卫星在太空中由于位置的不断变化可引起温度骤然变化，有时温差可高达两三百度，严重影响许多仪器的正常工作。科学家们受蝴蝶身上的鳞片会随阳光的照射方向自动变换角度而调节体温的启发，将人造卫星的控温系统制成了叶片正反两面辐射、散热能力相差很大的百叶窗样式，在每扇窗的转动位置安装有对温度敏感的金属丝，随温度变化可调节窗的开合，就是说随着卫星“体温”的上升和下降，它就自动地张开或闭合，来调节内部温度，保证卫星“体温”稳定。人造卫星有了这种装置，就再也不用担心那些精密的仪器会被烧坏或者冻坏了，从而解决了航天事业中的一大难题。

不过，谁也不会想到，美丽的蝴蝶竟然身背“空调”在花草树林间飞舞，更不会想到飞翔在茫茫苍穹的卫星，其散热装置是受蝴蝶的启示发明出来的。

“留连戏蝶时时舞，自在娇莺恰恰啼”，蝴蝶在我们的心目中不仅是美神的化身，也是快乐的天使。睁大眼睛观察一番，让人想不到的是，这些美丽的精灵竟然是人类发明创造的良师益友……

【科学链接】

※ 著名论断“蝴蝶效应”是指在一个动力系统中，初始条件下微小的变化能带动整个系统的长期的巨大的连锁反应。对于这个效应最常见的阐述是：“一只蝴蝶在巴西轻拍翅膀，可以导致一个月后美国得克萨斯州的一场龙卷风。”蝴蝶效应通常用于天气、股票市场等在一定时段难以预测的比较复杂的系统中。这个效应说明，事物发展的结果，对初始条件具有极为敏感的依赖性，初始条件的极小偏差，将会引起结果的极大差异。

※ 中华虎凤蝶自然博物馆，坐落在南京市浦口区老山脚下的水墨大埝景区内。中华虎凤蝶是中国特有的蝴蝶种类，被列为国家二级重点保护野生动物，南京是中华虎凤蝶分布数量最多的地区。博物馆常年免费开放，在这里，既能学到关于中华虎凤蝶的各种知识，又能欣赏到世界各地具有地域代表性的蝴蝶标本，每年三四月间，还能在此近距离欣赏翩翩飞舞的中华虎凤蝶。

长翅膀的“舞蹈家”

蜜蜂的启示

“采得百花成蜜后，为谁辛苦为谁甜”，这是我们耳熟能详的关于蜜蜂酿蜜的诗句，也正是这样的诗句使蜜蜂酿蜜的美名家喻户晓，让无数人知晓了味道香甜、营养丰富的蜂蜜。其实，蜜蜂作为昆虫家族的一员，在人类发明创造的道路上，给我们带来了许多启示……

在五颜六色的花丛中，会飞的“舞蹈家”——小蜜蜂，扇动着美丽的翅膀尽情地舞蹈着，嗡嗡地歌唱着。遗憾的是，许多人并不理解蜜蜂的“舞蹈语言”，不知道它在讲什么，也不了解蜂巢的奇妙作用，甚至从来没有认真观察过蜜蜂的“一举一动”。哎，果真这样的话，对这位小精灵来说，有点小委屈哦！

舞蹈与“电子蜂”

蜜蜂弱不禁风，可是在漫长的进化中变得很有智慧。

科学家在研究中发现，蜜蜂的舞蹈动作有许多惊人的奥秘。一是有的舞蹈表示蜜源的远近：如果一只工蜂归巢时，先往右飞一个圆圈，再往左飞一个圆圈，这个睡“8”字圆圈舞的动作向伙伴表示，在离巢百米以内有美食呢；如果工蜂回家先飞半圈，然后边摆尾边直飞，换一个方向再飞半圈，跳的是“8”字摆尾舞，表明蜜源在百米开外。更为有趣的是，蜜源的远近与转圈次数有关，假如工蜂每分钟转 18 圈，就意味着 1 千米外能找到蜜源。二是有的舞蹈表示蜜源的方向。当蜜蜂跳舞时头上尾下朝天飞，意思是说，朝着太阳的方向飞去，准能找到采蜜的地方；跳摆尾舞时，头下尾上朝地直飞，意思是说，背着太阳方向飞去，就是采蜜的地方。三是有的舞蹈与“心情”有关。当巢里的蜜蜂数量太多时，老蜂后便带领一半部下去建新巢。这时，担任侦察兵的工蜂四处活动，回巢后，将自己看见的情况用舞蹈动作向伙伴们进行描绘。当对新巢很满意时，它跳舞最卖力；当对新巢不满意时，它的舞蹈动作就会变得有气无力，一副闷闷不乐的样子。瞧，这些秘密有谁知道！

科学家受蜜蜂舞蹈语言的启发，正在设想利用人造的电子蜂来控制蜜蜂的活动，让电子蜂以相应的舞姿引导工蜂，从而按照人类的需要来为植物传授花粉，以此来提高庄稼的产量：当要蜜蜂飞到油菜地里去的时候，人造电子蜂如同侦察蜂一样跳起了有关舞蹈，蜂群就会根据电子蜂的引导成群结队地飞向油菜地里；当人类需要蜂群搬“家”

的时候，电子蜂又跳起了另一种舞蹈，把新居的方位、环境等告诉蜂群，再把蜂群引入预定的“新巢”。

蜜蜂与“设计师”

蜜蜂家族在地球上已经生存了3500万年，可是人类真正关注它的家居生活，还是近几百年的事情。

18世纪初，法国学者马拉尔奇通过仔细测量发现，貌不惊人的小蜜蜂，在设计建造自己的住宅上，有着非常高超的数学天赋：这些蜂巢组成底盘的菱形的所有钝角都是109° 28′，所有的锐角都是70° 32′；后来经过法国数学家克尼格和苏格兰数学家马克洛林从理论上的计算，如果要消耗最少的材料，制成最大的菱形容器正是这个角度。从这个意义上说，蜜蜂称得上是“天才的数学家兼设计师”。

马拉尔奇的这一发现在当时轰动了整个科学界：蜜蜂采用六角柱状体这种经济的形体来构筑巢穴，而且选用了最适宜的菱形面交角，达到了“最经济实惠”的效果。

受蜂巢建筑的启示，用石棉或陶瓷制造出蜂窝夹层结构材料，能耐得住1000度的高温，是一种既轻便又耐用的防火材料。现在，由于这种蜂窝结构建筑材料重量轻、强度高和刚度大，已被广泛地用在火箭、坦克、飞机、人造卫

星及其他建筑结构上，诞生了“蜂窝建筑”这一专有名词。

蜜蜂与“集体决策”

据科学家观察介绍，每年春暖花开的日子，随着蜜蜂家族成员的增多，健康的蜂群就会分出一半“另立门户”。不过，它们在建造新的家园上是非常慎重、民主、智慧的。

首先，离巢的蜂群在树干上聚成一团暂时栖身，为建一个新家做些准备；然后，派几百只工蜂去寻找可能的建巢地点，每个侦察蜂都要花费 30 分钟左右的时间，收集洞穴的大小、朝向以及有无蚁害等情报；接着，侦察蜂通过绕蜂群飞行以及爬行的圈数来传递信息，绕圈数越多表示对该地点的评价越高，平均圈数是 150 个；最后，每个侦察蜂招募一两个同伴再次访问该地点，让同伴做出评价，如果喜欢则以同样的方式绕圈，再吸引更多的同伴回访，当某地点回访的“人数”超过“法定人数”，整个蜂群就会做出迁到该地点营建新巢的决定，相反，招募不到同伴的地点就会被无情淘汰。

蜂群择居的“智慧”给人类带来了宝贵启示：一是人类在研究中发现，蜜蜂的这种决策过程，与人类大脑做决定的过程类似。大脑神经元的活跃程度，相当于回巢的侦察蜂绕圈的数目，活跃程度高，就有更多的神经元参加进来。二是蜂群择居的“集体决策”已被人们用于市场开发，成为一些新产品占领市场份额的重要“智慧”元素：侦察市场—打开市场—占领市场。

【科学链接】

※ 蜜蜂的家族成员喜欢群居，而且每群蜂里都有三种成员：蜂王、雄峰和工蜂，它们有严密的组织和细致的分工，每个成员各司其职，互相配合。工蜂的职责是用蜂蜡来建设蜂房、采花酿蜜，同时也为农作物传授花粉，是一种对农作物有益的昆虫。蜂巢的建筑虽然巧夺天工，令人类羡慕不已，可是真正从事建筑蜂巢的只有工蜂。当工蜂长到12—18天后，腹部的蜡腺就发育完全，便可以用蜂蜡来建设它的蜂房了。

※ 蜂巢是蜂群生活和繁殖后代的处所，由巢脾构成。各巢脾在蜂巢内的空间相互平行悬挂，并与地面垂直，巢脾间距为7—10毫米，称为蜂路。每张巢脾由数千个巢房联结在一起组成，是工蜂用自身的蜡腺所分泌的蜂蜡修筑的。大、小六角形的巢房，分别为培育雄蜂和工蜂的，底面为3个菱形面。培育蜂王用的巢房，称为王台，形状似下垂的花生，是蜂群在分蜂前临时修筑的，多在巢脾下部和边角上。整个蜂巢建筑堪称“巧夺天工”。

“长脖子”与“花衣裳”

——长颈鹿的启示

长颈鹿是现在世界最高的动物，也是非洲的代表性野生动物。但是，它的祖籍在亚洲。据古生物学家研究认为，长颈鹿起源于亚洲。特别是中国和印度的一些地方，从两千多万年至二三百万年前，曾经生活着长颈鹿的祖先，不过颈和腿没有现代那么长。后来，由于地球生态环境和气候的变化，食物缺乏，长颈鹿最终迁移到食物丰富的非洲安家落户。想一想，在这种漫长的进化过程中，长颈鹿的“长脖子”和那身“花衣裳”对人类有什么启发?

在大自然的无情竞争中，长颈鹿能够幸存下来原因固然很多，譬如：它能够快速奔跑，以每小时 50 千米的速度疾驶而去，即使跑不掉，那铁锤似的巨蹄就是很有力的武器；它皮肤上的花斑网纹，也是一种天然的保护色。除此以外，长颈鹿的长颈是它猎取食物的得力工具，许多食草动物无法得到的鲜嫩树叶，它却唾“颈”可得。可见，长颈鹿虽然没有老虎那锋利的牙齿，没有大象那样巨大的力气，但是活命的本领也不小，或者说，幸存下来自有妙招呢。

“能上能下”的脖子

长颈鹿最吸引人类眼球的是它的长脖子。

在动物王国里，长颈鹿以身高出众而享誉世界。它的身高一般5米左右，最高的可达6米。它生活在非洲草原上，是一种食草动物。它长长的前腿和短一些的后腿，使它站立时像一座高高的瞭望台。它有一双棕色的眼睛，两个眼珠向外突出，能上下左右旋转，视野非常辽阔……它那奇长无比的脖子，约有2米长，是其他动物无法相比的。2米高的树叶，它头仰起来就能轻而易举地吃到嘴里。它的长脖子既能顺利地吃到树梢上的叶子，也能低下头饮水、吃草。

长颈鹿“能上能下”的脖子，给人们带来了很大的启发。

在日常生活中，工程技术人员常常要到“上不着天，下不着地”的地方去修理一些设备，非常不方便。人们便模仿长颈鹿“能上能下”的脖子，制造出了一种“机器长颈鹿”。这种机器长颈鹿是无线电遥控操作的，操作人员只要通过电视屏幕就能对工作情况了如指掌。机器长颈鹿的脖子，可以随心所欲地俯仰、转动。它那由夹持器组成的嘴，

能把 50 公斤的物体衔起来，升到 9 米高的地方。如果将夹持器换成一个斗状物或者滑轮，就可以载人悬空装修设备或吊运物品。

现在，机器长颈鹿的用途十分广泛，它不仅用于造船厂吊运物品，还用于维修和安装一些悬空操作的电气和通信等设备。总之，机器长颈鹿给工程技术人员从事悬空作业带来了很大方便。

紧绷在身的“花衣裳”

长颈鹿的“花衣裳”也让人类十分着迷。平时，它穿浅黄色的外衣，外衣上还印有红褐色的斑纹，看上去非常秀丽，给人一种文静高雅的感觉。生物学家在长期跟踪研究中发现，长颈鹿不仅个子高，而且血压也高。如果没有高的血压，不可能将血液输送到距离地面四五米的头部。当它的心脏收缩时，血压高达47千帕（350毫米汞柱），比人的正常血压高出2倍，成了地球上有名的高血压动物。其他动物血压如果升到这么高的话，就会立即因脑出血而死去。可是，长颈鹿为什么不会发生脑出血而死亡呢?

原来，长颈鹿那层紧绷在身上的“花衣服”，除了能在树林和草丛中隐蔽外，还有一个特殊的作用，就是能抵抗突然升高的血压。长颈鹿不时地抬头吃树梢上的叶子，还不时地摇摆着头向四周观察动静，也会不时地低下头来饮水。一高一低，头颈摆动的范围成了一个半径2米的半圆，血管一会儿松开，一会儿弯曲，但它不会因血液的冲击而昏迷过去。因为它的动脉在颈部就分成了几百条小血管，血液循着这些小血管流到脑部，这样血压就降低了。也就是说，当长颈鹿低头饮水的时候，它那件救命的 “花衣裳”——紧绷在身上的皮毛，能牢牢地箍住血管，所以血管就不会因血压突然增高而被胀破。

科学家从长颈鹿的皮肤结构中获得灵感，发明了一种仿造长颈鹿皮肤的飞行服——“抗荷服”。这种“抗荷服”，能起到控制血管的作用。而且，抗荷服上还有一套充气装置，这种装置能随着飞机速度的增快，使抗荷报也充入一定数量的气体，压缩空气对血管产生一定的压力，从而保持飞行员的正常血压。飞行员穿上这种“抗荷服”在一定程度上起到了限制血压的作用，就再也不用担心飞机在从静止状态到超音速飞行状态时，那种惯性作用对身体产生的重大压力了，当飞机加速爬升的时候，飞行员也不至于发生大脑缺血的现象，使飞行员的生命安全得到了有力保障。

【科学链接】

※ 长颈鹿不会鸣叫，很多人认为它是哑巴，说它没有声带，其实这种说法是不准确的。长颈鹿不会叫有两个原因：一是因为它的脖子变得越来越长，发音的振动器官（声带）与发声的动力器官（肺、胸腔、膈肌）因颈长而相距太远，所以发声就十分困难；二是它的声带逐渐退化，跟人类的正常声带不一样，长颈鹿的是较小、较厚，长约 25mm 的中央有纵行浅沟的沟状声带，不容易发出声音来。

※600 多年前明代的郑和远航世界，史有定论的远达非洲，据说也是为寻找中国人心目中的吉祥神兽“麒麟”。明永乐十二年（公元 1414 年）九月二十日，郑和手下的杨敏带回榜葛剌国（今孟加拉国和印度西孟加拉邦一带）新国王赛弗丁进贡的一只长颈鹿，明朝举国上下为之喧腾，成为国人心目中的“麒麟”。1985 年 7 月 11 日，中国邮电部发行《郑和下西洋五八零周年》纪念邮票一套 4 枚，最后一枚“航海史上的壮举”描绘的是郑和一行在非洲的场景，其中出现了两头长颈鹿，这是中国邮票上首次出现长颈鹿的图案。

冷血动物身上的“热眼”

响尾蛇导弹

响尾蛇是生活在美洲、非洲等一带的毒性剧烈的蛇。在那炎热的季节和地域里，许多动物为寻找水源而急不可待。响尾蛇就会摇动自己的尾巴发出“嘎啦嘎啦”像溪水流动的声响，引诱一些口渴的小动物误入陷阱，成为它的美餐。那么，在漆黑如墨的夜晚，响尾蛇又是怎样发现并捕捉那些可怜而贪心的猎物？为什么有一种导弹也用它的名字来命名呢？

响尾蛇属于脊椎动物，像其他蛇类一样，都是冷血动物。它自身是无法控制体温的，因此它喜欢晒太阳，但在特别热的时候又爱待在阴凉处，要是到了寒冷的冬天还会通过冬眠来躲避寒冷。当然，最让响尾蛇出名的还是它身上的“热眼”。

把冷暖“看”在眼里

响尾蛇的尾巴长得非常奇特，在尾巴的尖端上长着一种角质链状环，围成一个空腔，角质膜又把空腔隔成两个环状空泡，仿佛是两个空气振荡器。只要响尾蛇摇动尾巴，空泡里的空气就会形成一股气流，一进一出，发出“嘎啦”的声响。当它遇到敌人或急剧活动时，能迅速摆动尾部的尾环，每秒钟可摆动40—60次，可以长时间发出响亮的声音，这种声响使天敌不敢靠近，甚至直接被吓跑。

有趣的是，响尾蛇在黑夜里捕捉田鼠、小鸟、刺猬等动物几乎是百发百中，靠的不是那双眼睛，而是长在眼睛和鼻孔之间的一个叫“颊窝”的地方的“热眼”，一边一个，猛一看，还以为它长着4个鼻孔呢。有了这对“热眼”，响尾蛇可以把猎物的冷暖“看”在眼里、记在心里。

原来，田鼠、小鸟、刺猬等动物（包括人类）都会散发出一定的热量。有了热量，就会产生一种肉眼看不见的光线，即红外线。“热眼”就是通过感受红外线的辐射从而发现前方的热体动物，并判断它的大小、距离等。可见，“热眼”是响尾蛇猎取食物的“好帮手”。

“佛罗里达州实验”

人类研究响尾蛇的“热眼”起源于20世纪30年代。

1937年，科学家对响尾蛇进行研究时发现，把它的眼睛蒙上，它照样能闪电般追击猎物。这说明，响尾蛇明亮的小眼睛与它追击猎物无关。1952 年，科学家研究响尾蛇时再次发现，当热源或冷源接近响尾蛇时，它就受到刺激，神经脉冲发生激烈变化。即使放在 30 厘米以外的人手的热度也会激起它的反应。有的响尾蛇甚至能测出 60 米以外人的体温，这就是人为什么会遭遇响尾蛇突然袭击的原因所在。至此，人们发现了响尾蛇的“热眼”，并开始了相关的科学研究。

20 世纪 70 年代，美国生态学家勃鲁兹·明斯在佛罗里达州的荒野上，追踪 75 条响尾蛇，逮住其中的 28 条，在它们的胃里装进了蜡封的小型传感器。带有这种仪器的响尾蛇既会响，又会发报，从而揭开了响尾蛇的食性、繁殖、冬眠和迁徙之谜。人们把这个实验称为“佛罗里达州实验”。也正是这个著名的实验，彻底揭开了响尾蛇神秘而可怕的面纱，让人类知道了更多的“热眼”的秘密。

“热眼”的启示

科学家根据响尾蛇的“热眼”工作原理，研制出一系列产品，成为人类意外的“收获”。譬如制造出了各种红外线探测仪器，把它安装在飞机和船舶上，驾驶员可以透过黑暗或云雾判明航向。侦察兵利用枪上的红外瞄准器，能检测到敌人身体发出的红外线，从而在黑暗中像白天一样“看”到并消灭对方。

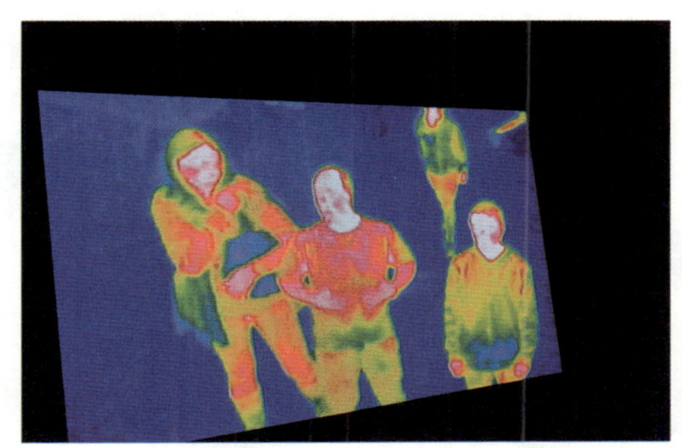

在人造卫星上装配红外线探测仪器，能够发现水下 40 米深处航行的潜艇，还可以观察到太阳光照射不到的行星表面的情形。

当然，最让响尾蛇出名的还是以它的名字命名的响尾蛇导弹。不论你对战争是否感兴趣，这种导弹在人类仿生学历史上都十分出彩。20 世纪 50 年代初期，也就是人类发现响尾蛇的“热眼”不久，美国的海军武器研究中心就借鉴仿生学家的研究成果，研制出了一种空对空导弹的敏感器件，能够探测来自目标的红外辐射。导弹利用这种原理跟踪目标，与响尾蛇捕捉小动物原理相似。于是，该中心的研究人员把这种带有红外追踪装置的空对空导弹称为“响尾蛇导弹”。原来，飞机在飞行时，发动机尾部喷管排出的热气流会产生很强的红外线热辐射，飞机就成了一个很大的热辐射目标。这样，响尾蛇导弹就能紧紧地咬住飞机，直到将它击毁。

几十年来，响尾蛇导弹就像一条吞噬飞机的毒蛇。从第 3 次中东战争开始，几乎参加了所有的空战。现在，军事专家已经开发出 10 多种型号的响尾蛇导弹，形成了庞大的响尾蛇导弹“家族”。

【科学链接】

※ 响尾蛇奇毒无比，能够把被咬噬的人置于死地，但死后的响尾蛇也一样危险。美国的研究指出，响尾蛇死后其他身体机能已停顿，但只要头部的感应器官组织还未腐坏，即响尾蛇在死后一个小时内，仍可探测到附近 15 厘米范围内发出热能的生物，并自动做出袭击的反应。响尾蛇的毒液与其他毒蛇毒液不同的是，其毒液进入人体后能产生一种酶，使人的肌肉迅速腐烂，破坏人的神经纤维，进入神经系统后还能致使脑死亡。

※ 世界是矛盾的。在武器的进攻和防御上，也是有“矛”必有“盾”。响尾蛇导弹虽然对飞机构成了严重威胁，但是它在寻找、跟踪目标时完全依赖弹头上的红外线探测器，而这种探测器又不能分辨真假。于是，科学家便发明出红外“钓饵”来欺骗它。这种“钓饵”有烟火型、燃烧型、复合型等。只要被响尾蛇导弹盯上的飞机投放“钓饵”，就能够将导弹引爆，让它扑空，从而使飞机脱离危险。

飞檐走壁“闯江湖”

——壁虎的启示

在夏秋的晚上，壁虎经常出没于有灯光照射的墙壁、天花板、檐下或电线杆上，而白天潜伏于壁缝、瓦角下、橱柜背后等隐蔽处，一身飞檐走壁的绝技让世界任何一位江洋大盗都自愧不如！那么，壁虎是怎样练就这身“闯江湖”本领的？它的脚下功夫奥秘在哪里呢？

壁虎这种小动物对许多人来说是太熟悉了，全球现在至少有 1000 种壁虎，从小学到中学的课本里，多有美妙的文字对它进行描述。外国人对壁虎十分喜欢，经常有人会将它作为宠物饲养在家中，尤其是那些热带地区的家庭，他们认为喂养壁虎可以有效地控制害虫的数量。虽然它没有能够活动的眼睑，可是那双小眼睛亮亮的，让人一睹难忘。

壁虎的那些事儿

研究壁虎的专家都知道，在动物世界，壁虎无法以强者自居。它没有大脑，头部是中空的，两耳之间什么也没有。如果从壁虎的一只耳眼看进去，直接通过另一只耳眼就看到了外面。这简直是残疾了。不过，没关系，壁虎的中枢神经系统位于脊髓中呢。

我们还知道，壁虎的“拿手戏”是断尾，这是一种“自卫”。当它受到外力牵引或者遇到敌害时，尾部肌肉就强烈地收缩，能使尾部断落。掉下来的一段，由于里面还有神经，还能跳动一些时候引诱敌人，自己则乘机逃跑。就凭这一点，壁虎就是“弱势群体”之一。

当然，壁虎脚底功夫还是很值得称道一番的。在夏秋的夜晚，我们常常看见壁虎在有灯光照射的墙壁上、房檐下、天花板等平面上活动，如果有蚊子、飞蛾等小昆虫出现，它会以很快的速度，一口将小虫子吃掉，而不会掉下来。这是为什么呢？原来，壁虎足的结构非常奇特。它四足的指、趾扁平宽大，由许多板片构成，这些板片呈扇形排列，实际上是微细腺毛覆盖着的鳞片，微细腺毛呈钩子形状，有黏附能力。由于壁虎足上生有无数个微钩，所以它能轻易抓住物体表面上微乎其微的小突起。因此，壁虎能在直立的、光滑的玻璃上行走自如。

关于壁虎的发明 ABC

仿生学家是不会放弃研究学习动物特技的。人们从壁虎身上学习到很多“特技”，由此产生了许多发明创造。

A. 尼龙扣带。在生活中，人们受壁虎足的结构的启示，利用壁虎爬墙原理制成了尼龙扣带。一条带子上由很细的尼龙丝编织成许多微小的钩，另一条带子则由很细的尼龙丝编织成许多微小的套子，使用时，把两条带子相对按在一起，就会紧紧连在一起。

B. 防滑剂。美国加州大学伯克利分校的科学家们受壁虎奇特的攀附能力的启发，已研制一种新型“防滑”黏合剂。他们声称这是目前最接近模拟壁虎能力的人造材料，被认为可以帮助机器人攀爬在光滑的墙壁上。

C. 自粘弹性绷带。美国麻省理工学院的一支研究小组受壁虎黏性脚趾的灵感启发，还研制出一种防水自粘弹性绷带，有可能用于医学手术治疗之中。

现在，仿生学的内涵在不断发展，已经不仅仅指人们去模仿生物的某一特性。科学家通过向壁虎大脑中输入电信号，从而实现了它的运动可控。这属于神经信息仿生学的领域。美国做了老鼠、鲨鱼的运动控制，俄罗斯则试图控制海龟的运动，我国山东科技大学等单位也在进行这方面的探索，希望实现对壁虎的运动控制。届时，只要先把壁虎固定，再进行开颅

手术，在壁虎大脑内相应的脑区、位点植入电极，最后安上摄像头或传感器，它就成了一只听从人类指挥的壁虎“机器人”，在执行特定的救灾搜救、反恐、探测等任务中一定会大显身手。

【科学链接】

※ 壁虎身体里有一种激素，这种激素能促使尾巴再生。当壁虎尾巴断了的时候，它就会分泌出这种激素使尾巴长出新的，当尾巴长好了以后，它就会停止分泌。多数壁虎能发出声音，叫声有微弱的滴答声、唧唧声甚至尖锐的咯咯声、犬吠声等。多数壁虎是卵生的，白色的卵，长着硬硬的外壳，而新西兰有几种壁虎则是卵胎生。

※ 据 2008 年美国科技日报报道，1 亿年前琥珀中惊现最古老的壁虎化石。这是美国俄勒冈州立大学和英国伦敦自然历史博物馆的科学家对外发布的，称这是世界上现已发现的最古老的壁虎化石，其部分身体永远完好地保存着。这项考古发现至少将之前最古老壁虎化石的历史向前追溯了 4000 万年，让人们更多地了解到它们在白垩纪时期如何与恐龙共同生活在全球热带和亚热带地区，为科学家揭开远古壁虎进化之谜带来了一把钥匙。

大海的“千里耳”

——风暴预测仪

生活在大海边，或者喜欢吃海产品的人都知道海蜇。其实，它是水母家族中最普通的一员。水母在漫长的进化中，学会了很多海洋生物所不具备的本领，甚至人类也望尘莫及：它能打着巨伞在海面上悠然漫游，在狂风巨浪袭来之前的十几个小时安然逃离……这难道不是奇迹？人类对风暴预测常常一筹莫展啊！那么，水母是怎样预测风暴的，对人类有什么启发？

水母是一种非常低等的刺胞动物，低得让人心生悲悯，感叹造物主的不公：它没有眼睛，没有耳朵，没有手，也没有脚，在我们人类看来，连最基本、最简单的生存条件都不具备。可是，水母的出现比恐龙还早，可追溯到6.5亿年前。这么古老的生物，能够在优胜劣汰的竞争中活下来，一定是有着自己的独门绝技！

人类的困惑

在蓝色的海洋上，风暴形成时，空气和海浪相互摩擦会产生次声波，频率为每秒 8—13 次。这种次声波比风暴和海浪传播得都快，在空气中每小时是 1200 千米，在水中更快，每小时是 6000 千米，并且在千里之外也只是稍稍减弱。可见，风暴发出的次声波比风暴更早、更快地来临，只是人耳对频率每秒低于 20 次的声音听不见而已。

于是，舰船长年累月在大海上航行，经常会遇到狂风暴雨的袭击。为此，人类面对大海的无情风暴十分困惑，甚至恐惧万分：如果不能准确地预测风暴的来临，就无法采取有效的保护措施，要是在作战期间遇上了风暴，往往是不战自败，甚至稍有不慎也会被风暴吹得舰沉人亡！

可以说，自从人类走向大海的那一天起，不论是军事家，还是航海家，甚至普普通通的渔民，都渴望能有一只听到大海风暴的“千里耳”，在风暴没有来临之前就可以预测出来，以便及时防范。

触手上的“听石”

善于学习和总结的人类经过长期的观察发现，大海在变脸前，海豚往往先知先明，自动远离海岸，从来不会被风暴掀起的巨浪抛到礁石上摔死，也不会被无情地扔到岸边搁浅。这说明海豚能预知海上风暴的来临。后来，从事海洋捕捞的渔民最先发现水母虽然喜欢在海面漫游，而且游得不快，甚至十分优雅，但是也从来不会遭遇风暴的袭击。

那么，说明水母也有预测风暴的能力，也有神奇的“千里耳”。对此，海洋生物学家开始关注这一现象。

在海洋生物中，海豚的智慧是人类公认的。可是，与海豚相比，水母无疑是愚笨的，那它为什么能对风暴特别敏感？为什么能在风暴还没有到来之前，就迅速逃之夭夭，根本不会被风浪卷到岸边，更不会在狂风巨浪中仓促逃生，而是早早躲到了安全的深海？科学家在长期的研究中发现，水母虽然没有耳朵，可是在它的触手中间的细柄上有个小球，里面有粒小小的听石，仿佛是水母的“耳朵”。由海浪和空气摩擦而产生的冲击波冲击听石时，就会立即刺激球壁上的神经，然后听觉神经迅速把这一消息传到大脑里。于是，水母提前十几个小时就知道了风暴的走向、强弱等，好像接到命令似的，在海边突然神秘消失。

嘿，水母触手上的“听石”，真的好棒！

逮住风暴的行踪

在希腊神话中，女妖美杜莎，头发是一条条缠绕的毒蛇，面孔狰狞，叫作“水母”。这是很有道理的。水母在海里慢慢地漂来泊去，看上去很文弱、温顺，其实它的浮囊下面垂着一条条长长的触手。囊内有种特别的腺，可以发出一氧化碳使它膨胀，为它旅游撑起了一把巨伞。当然，让科学家最为关注水母的，还是它触手上的“听石”。

经过长期的观察和研究，科学家仿照水母听到次声波原理，设计制造了“风暴预测仪”。它是由接受次声波的喇叭、共振器、电压变换器、指示器等组成。这种风暴预测仪安装在军舰或船只的甲板上，喇叭能做360°的旋转，当它接收到频率为20赫兹以下的次声波时，旋转立即停止，喇叭所指的方向就是风暴来临的方向，指示器上的指针还能显示风暴的强弱。

风暴预测仪的发明，可以帮助人们提前15个小时逮住风暴的行踪，提前预防，为海上运输、作战等提供了极大的便利。那些长年累月在大海上航行的船舶，再也不用担心狂风暴雨的袭击了，作战期间也不会因为遇上风暴而影响战果。因为对人类来说，有了风暴预测仪，海上风暴的一切行踪早已了然于心。

【科学链接】

※水母的浮囊下面垂着一条条长长的触手，囊内有种特别的腺，可以发出一氧化碳使它膨胀，为它旅游撑起了一把巨伞。当它遇到敌人时，会自动将气放掉，沉下水底，逃之夭夭。如果逃离不了，水母也不是没有抵御办法的，它的触手上有许多带刺螯的细胞，有着毒液，小动物被刺螯后会立即死去。

※水母没有肌肉，更没有骨头，身体的百分之九十五都是水。水母体内含有一种特殊蛋白质，能够吸收自然光，并在黑暗环境中发出蓝光——这种物质在水母死后仍然存在。这样，水母尸体会在白天吸收光线，然后在夜间释放光芒。美国“惊奇水母”公司用自然死亡的水母尸体和树脂，制作出能够在夜间发光的灯具，既漂亮又实用。

开在礁石上的“小花”

——特种黏合剂

炎热的夏季，许多人喜欢去海边游玩，当海水退潮后，你会发现，海边的礁石上总是开满了灰白中带有黑紫色斑点的“小花”。那些“小花”就是生活在海洋里的甲壳动物牡蛎了。牡蛎牢牢地固定在峭壁上，能经得起狂涛巨浪的猛烈冲击。那么，看上去很不起眼的牡蛎为什么能牢牢地抓住岩石，难道它有一双特殊的手？它与人类开发的特种黏合剂有什么联系？

诗人说：“给我一只贝壳，我就能听见大海的声音。”贝，是大海的耳朵，是孩子的童话。

在大海里，贝类也是一个十分庞大的家族，品种十分繁多，并以独特的营养价值深深地吸引着人类的眼球。海洋里的贝类，不是因为身负坚硬的外壳就生活得艰难，或者步履维艰的，其实，它们在漫长的大自然优胜劣汰的竞争中，各有一技，也成为海洋生物中的一大奇景，令人类着迷。可以说，小小的贝类“内涵”十分丰富。牡蛎是贝类家族中的重要一支，肉味鲜美，营养丰富，含有蛋白质、脂肪、肝糖以及维生素等。小小牡蛎身怀绝技，在茫茫的大海中不会迷失方向，也不会走丢呢。

免费的“旅行”

牡蛎是一种固着在海滨岩礁上生活的海洋贝类，种类很多，分布在我国沿海的有20多种。牡蛎的肉可供食用，又能提制蚝油。肉、壳和油都可入药，也叫蚝或海蛎子。

牡蛎长到12个月，就性成熟了，于是，便开始生儿育女。牡蛎幼体经过短时期漂浮生活后，就固着在岩礁或其他物体上，不再移动一步了。牡蛎喜欢群居生活，每年新生的个体固着在祖辈的基地上，老的逐渐死去，新的又固着上去，在海底往往形成了“牡蛎山”。有的喜欢吸附在船体的底部，浪迹天涯，开启一段免费的“海底旅行”。

当你仔细观察牡蛎的时候，会发现牡蛎都长有两个贝壳，壳形并不规则，右壳较小，覆盖着身躯，左壳较大、较凹，固着在岩石或其他物体上生长。它一生就凭着右壳上下启闭来摄食、呼吸、御敌和繁殖。

生物学家经过长期观察研究后才知道，牡蛎既无眼睛，又无耳朵，原本是一位“瞎子”和“聋子”，却有一张覆盖在身体上的白色透明的皮肤——它的“眼睛”，叫作“外套膜”。在它的边缘还长着许多柔软的小触手，这就是牡蛎感觉最灵敏的器官，具有强烈的感光性能，能为它传递信息，包括敌情等。

牡蛎能够紧紧地吸附在岩石或船体上，并不是依靠那些小小的触手，而是因为牡蛎能分泌出一种胶黏物质把贝壳牢固地固着在附着物上，一旦固着后，就永远不再挪动一步。因此，你不要担心吸附在船体底部的牡蛎会突然掉下来，像一块脱落的石头一样沉到海底，这样的事情不会发生。即使生命力已经不再，牡蛎分泌的这种胶，仍然能把早已失掉生命的贝壳粘在那儿，摆出一副牢不可破的架势呢。

“超级水泥”

牡蛎的吸附能力让人类既无奈又着迷。无奈的是，随着时间的推移，船底的牡蛎对船体的寿命会造成影响，而且影响航行的速度；着迷的是，用什么办法来清除这些牡蛎，不让它在船底安家，结束它们的“免费之旅”。

后来，生物学家经过长期的研究发现，在牡蛎成熟的初期，它就会分泌出一种黏液。这种黏液可以把它终身固定在岩石上或舰船的底部。这种黏液是由24种氨基酸和氨基糖组成的，具有很高的抗张强度，以至于要把它从船壳上除掉时，往往会把钢屑也带下来。

于是，人类模仿牡蛎的黏液，制成了一种“特种黏合剂”。它适用在0度到205度的范围内，能使蛋白质固化，从而起到防水作用。同时，这种黏合剂，还具有很高的抗张强度，除了铜和汞以外的金属都可以连接。因此，用它来粘接建筑结构单元，可以说是“超级水泥”。也可以用它来造船和机械制造，甚至航天。在大海中航行的船舰遇到风浪导致钢板断裂，船体渗水，用这种黏合剂，能在5—10分钟的时间，便可在水下将钢板粘在漏洞和裂缝上，使舰船化险为夷。

这种黏合剂和现在的几百种黏合剂相比，还有一个优点：这就是需要黏合的物体表面，不一定要清洁，也不需要干燥。这一点在医学上也有广泛的应用，眼科医生用它来修补眼睑、眼球，牙科医生用它来填空、封闭和粘接牙齿等。

面对大海，牡蛎仍是普通、弱小的居民。在科学家的眼里，它开启了发明创造的力量之源；在孩子的眼里，它永远是一朵绽放在海洋中的“小花”，一个在大海里流浪的“小精灵”……

【科学链接】

※ 我国是世界上最早养殖牡蛎的国家。牡蛎由于比鱼类容易捕获，早在新石器时代，我们的祖先就已经开始采食野生牡蛎。我国考古学家从原始人类的遗迹中曾发现牡蛎的贝壳，这就是很好的见证。后来，随着捕捞技术的发展和人类生活的不断进步，人们就像陆地上养蜂、池塘里养鱼一样，在海滩上人工养殖牡蛎。

※ 据记载，我国自汉朝以前就开始“插竹养蛎”，至今已有2000多年的历史。若一粒外物侵入牡蛎的壳内，牡蛎即分泌一种珍珠质将异物层层包起而形成珍珠。食用牡蛎产生的珍珠不光泽，价值不高。只有少数东方的种类，特别是波斯湾的珠母贝所产的珍珠质量最高。现在，用手工方法将小粒珍珠植入珠母贝内，便在其周围形成养殖的珍珠，这就是人工珍珠养殖。

鳄鱼的眼泪

海水淡化技术

在人们的心目中，鳄鱼就是“恶鱼”。一提到鳄鱼，立刻就会想到尖牙利齿、血盆大口以及坚硬的盔甲，时刻准备吃肉的可怖神态。事实也正是如此，鳄鱼属于食肉动物，它的猎物包括鱼、青蛙、泥鳅、老鼠、牛等，再凶猛的动物如猎豹、狮子等见了它也只能主动避让，绝不敢轻易招惹它。然而，它在吞食猎物时，总是流着“悲痛的眼泪”。想一想，这是为什么？鳄鱼的眼泪对人类有什么启发？

海洋离不开海水。海洋因海水才有了生命的灵性。就像森林里没有两片相同的叶子一样，海洋里也不会有相同的两滴海水。伸展双手，以掌为勺，舀起一捧晶莹的海水，也许我们不会发现一条海虾，或一只海贝，或者连一丝水藻也难觅踪影，可是丝毫不影响我们对海水的兴趣。只要我们来到大海边，就会情不自禁地打起赤脚，卷起裤腿下海，到海水里泡一泡，让肌肤与海水浑然一体，物我两忘。即使站在舰船的甲板上，也往往会想把手伸进海水里，任海水在指缝间流泻……海水，让我们依恋，更让我们好奇：那些生活在大海里的鱼，为什么不是咸的？为什么海里的鱼、贝、兽、海边的鸟，喝海水却能活下来？这些问号，就像眼前跳跃的一朵朵浪花……

幸福的“盐腺”

海水又苦又涩，含盐量非常高，如果人喝了海水，会越喝越渴，最后甚至渴死。可是，生活在海洋中的鳄鱼却不会有这种危险。这是为什么呢？

研究鳄鱼生活习性的学者发现，它在吃东西时会流出大滴晶亮的眼泪，这就是我们常说的“鳄鱼的眼泪”，与慈悲、痛苦等情感都没有关系。学者们进一步研究发现，鳄鱼的眼泪，是它从盐腺中排出的含盐量很高的溶液，是为了排除体内多余盐分的正常举措。

人们发现，鳄鱼的盐腺构造很简单：当中有一根管子，向四周辐射出几千根细管。这些细管与许多血管交织在一起，把血液中的多余盐分离析出来，经过当中的那根管子排到身体外面去。盐腺除去海水中的多余盐分，鳄鱼得到的是淡水。盐腺就是鳄鱼的天然“海水淡化器”。也就是说，鳄鱼流眼泪的时候是在向体外排盐。

海鱼的淡化装置藏在它的腮里，叫作“排盐细胞”，类似于鳄鱼的“盐腺”。这种细胞的本领可大了，当周围有血液流过的时候，可以把血液中的盐分不断提取出来，然后经过腮的运动排出鱼的体外。

海鸟的海水淡化装置位于它们的眼窝上部，而排出口位于鼻孔内，也是它的盐腺。海鸟不时会从喙上部的鼻孔中排出一个亮晶晶的水滴，摆摆头甩掉。这种水滴就是盐腺排出的、含有大量盐分的黏液。生活在海洋或海边的爬行动物，比如龟、蛇等动物也都有自己的盐腺，不在鼻孔内而是在眼角上，可以把喝进体内的海水淡化成含盐量较低的普通的水。

嘿，这些家伙好幸福，海水可以随便喝！

无人领取的“巨奖”

海洋生物的盐腺，就是它们天然的“海水淡化器”，有了这套特殊装置，虽然生活在海水中但不会因身体摄入过多的盐分而死去。这让人类羡慕不已。于是，人类的先知们早就开始关注“鳄鱼的眼泪”了，希望能像鳄鱼一样拥有淡化海水的能力。

远在16世纪，英国女王就曾颁布过一道命令：对发明廉价淡化海水方法者给予一万英镑的奖金。当时的一万英镑也是一笔不菲的财富，大约折合今天的700万元人民币。遗憾的是，时间长河流了400年，仍然没有科学家能够得到这笔奖金。时至今日，英国政府宣布女王当年的悬赏仍然有效，期待着有作为的科学家登上领奖台。可以说，在漫长的400年里，人们从来没有停止探索的脚步。进入20世纪70年代以后，更多的沿海国家由于水资源匮乏而加快了海水淡化的产业化。科学家们先后发明了多种淡化海水的方法，如：蒸馏法、薄膜反渗透法、离子交换法、电渗析法、压渗法、水合物法、溶剂萃取法等。全世界有一百多个国家的几百个科研机构在研究海水淡化技术，一座现代化的大型海水淡化厂，每天可以生产几千、几万甚至近百万吨淡水，可是离人们生产和生活的需要还有很大的差距。

现在，科学家们受鳄鱼、海鱼、蛇、海鸟等生物的启示，从中获得灵感，正在模拟鳄鱼、海鱼等动物的海水淡化技术，希望能够研制出一种体积小、重量轻、效率高的“海水淡化器”。这种仿生海水淡化器，就像鳄鱼的“盐腺”一样，可以轻松并从根本上解决海水淡化的难题。有朝一日，这种携带方便的小型海水淡化器诞生，从事海洋捕捞或其他生产的人将会迎来新生活。如果有一天，送你一件这样的海水淡化器，猜你一定超级喜欢！

【科学链接】

※ 据研究，人体肾脏排泄盐的功能非常有限，一般排泄盐的浓度不能超过2%，遇到高于这个浓度时，就必须加上淡水稀释以后才能变成尿排出体外。海水中的盐分浓度高出人体4倍，喝100毫升的海水，必须额外补充75毫升淡水，才能把盐分浓度冲淡到2%。如果没有淡水，只好从人体细胞中吸收水分，这样时间一长，人就脱水了。当失水达到体重的11%—20%时，人就会出现抽筋、耳聋、眼模糊、精神紊乱等现象，最后导致死亡。

※ 海水的温度与阳光、自身流动、海洋生物等有关。海水具有较强的透光性，能够容纳很多的太阳辐射，而且海水在流动中完成了热量的交换，使不同海域的海水温度也不同。如果太阳送来了100份热量，10—20米表层的海水就接受了82份，剩下再往下传递，当达到某种深度时水温会急剧下降，这种地方叫“温跃层”，然后水温的降低又变得缓慢，在大海深处水温才基本稳定。据测定，太平洋的温度较高，年平均温度约19.1度，大西洋约为16.9度。即使热带地区的海水，在1500米以下也只有3度左右。

从动物“分身术”想到的……

——再生技术

在漫长的进化中，每一种幸存下来的动物都有自己的“独门绝技”，最让人类惊叹的还是它们的“分身术”：有的动物就像神话小说《西游记》中的孙悟空那样，可以“七十二变”呢！这种本领让研究动物的科学家们十分震惊，甚至目瞪口呆。后来，人类借鉴动物的“分身术”发明了“再生技术”，并成功地运用到对人类的救死扶伤中……

在大自然的无情竞争中，许多处于弱势或劣势的动物，除了跑、跳、飞、游等本领外，有的像蝴蝶那样善于伪装拟态，与周边的环境混为一体，使天敌失去追捕目标；有的像黄鼠狼那样在危急关头使用“化学武器”，喷发体内臭不可闻的气息让天敌避之唯恐不及；有的像乌贼那样施放浓密的烟幕弹，自己则借机逃之夭夭……其中，动物的“分身术”更是五花八门，各显神通。

生活在水中的“明星”

刺胞动物中的水螅“分身术”就很高明。如果把水螅切成几个小段，它的每一小段都能长成一个小水螅。水螅的内外层细胞，被分割后，分别加以培养，都能够再生成完整的水螅。海里只要还剩下一个瓣儿，不久又能恢复成原来的样子。如果你生气了，抓住一只水螅，把它撕成几块，扔进水里，那可就帮了它的大忙，不仅老水螅没有死亡，还有新的小水螅诞生呢。嘿，你说，这是不是一个奇迹！

当然，海洋中的章鱼也是一位“分身术”大明星。

章鱼是靠8条长长的触手来探测周围环境的，这也是它进攻和防御的武器。章鱼常常躲在洞穴内，从洞内伸出触手来捕捉食物，蟹、蛤、龙虾或鲍鱼等都是它爱吃的“美味佳肴”。章鱼捉到食物以后，用尖嘴咬住，然后再将唾液腺中的毒汁注入猎物的体内，使其昏迷或把它杀死。

有趣的是，如果天敌将章鱼的一只触手紧紧咬住不放，躲在洞里的章鱼就有被揪出来的危险。这时，章鱼就会使用绝招“分身术”。只见它触手上的肌肉痉挛地收缩着，力量特别大，以至于触手断了下来。断下来的触手还会剧烈的扭动，滚到一边，并可以爬动，好像还有一定的吸附力。天敌扑向触手，章鱼就能借机溜掉了。研究发现，章鱼

一般在触手五分之四处自断；自断后，伤口处血管剧烈收缩，自行闭合，不会出血，几小时后血管就流畅了。几十天后，大约在断掉的地方又会长出新的触手，并达到原长度的1/3。

除此之外，具有这种“分身术”本领的“英雄”还有很多，“横行将军”螃蟹就是其中的一位。螃蟹的头胸部长着五对步足，看上去张牙舞爪，很不雅观。它的第一对叫螯足，末端钳状，威猛无比的样子。其实，当它遭天敌进攻的时候，步足往往首当其冲被最先捉住。这时，螃蟹就会丢足保命，弃足而逃。有趣的是，螃蟹旧的足虽然失去了，过一段时间还会长出新的，丝毫不影响生活。另外，海星也会“分身”逃生。当海星的腕足被捉住后，海星立即弃腕而逃，而后每一个脱落的腕足都能再生，并且腕内各器官也能再生，但是再生出来的新腕足往往比原来的小，不能恢复原形。所以，我们在海滩上发现畸形的海星就不足为奇了。

陆地上的“高手”

草履虫属于生活在陆地上的一种低等生物，可是它分身后的再生能力也特别强。从生物学现象上来分析，它属于无性生殖。生殖开始时，身体中段产生缢痕，越变越深，然后一分为二，长成两个完整的草履虫。呀，草履虫还真行，竟然会通过“分身术”来繁衍后代。

蚯蚓属于环节动物，也是“分身术”中的高手。它的身体断裂后，仍然自我愈合，具有再生能力。

当然，生活在陆地上的脊椎动物中，蜥蜴称得上是“分身大王”。当蜥蜴遇到敌害难以逃脱时，会自动脱掉尾巴。脱掉的尾巴会扭动吸引来侵者，蜥蜴则趁机溜之大吉。过一段时间后，蜥蜴还会长出新的尾巴来。

生物学家在研究动物的“分身术”中终于发现，这些动物的细胞在受到伤害后，往往会释放出一种刺激邻近细胞发生分裂的物质，人们称它为“再生刺激素”，使动物快速恢复健康。

受此启发，科学家进行了刺激肢体再生的试验，已获得成功。据资料介绍，美国一个小朋友在一次意外事故中被切掉手指，就是利用刺激再生的办法，使手指的细胞产生分裂，重新长出了手指。可以想象，如果有一天，人类能把这种技术广泛地推广运用，那么，许多残疾人无疑将会获得新生，不用安装假肢，就能依靠人体的再生激素长出新的手脚来，那才真棒呢！

【科学链接】

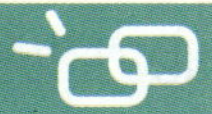

※ 章鱼喜欢钻到瓶罐等容器中栖身。失事飞机沉入海底后，汽油箱也给机灵的章鱼提供了栖身之处。鉴于章鱼有钻器皿的嗜好，人们常常用瓦罐、瓶子等捕捉章鱼。日本渔民每天早晨把各种形状的陶罐拴在长绳子上沉入海底，过一段时间，渔民再把它提上来，章鱼也就束手就擒了。有趣的是，章鱼待在罐子里懒洋洋地不肯出来，这时，只要往罐中撒一点盐，它就会老老实实地爬出来。

※ 蚯蚓在大自然中属于弱小的，往往会遭遇许多不幸和意外，再加上它在进化中形成的“分身术”本领，使它在体形上出现了奇怪的形态，有的无头，有的没有尾巴，有的长着两条尾巴。因此，如果你在野外发现了“怪”蚯蚓，也不用太惊讶呀。科学家曾经把蚯蚓的卵巢，或者连同卵巢的体节，“嫁接”到另一种蚯蚓身上，竟然发现有的也能存活下来呢。

苍蝇的“平衡棒”

振动陀螺仪

在弱肉强食、各显神通的大千世界，弱小的昆虫可谓微不足道。可是，生活在地球上的100多万种昆虫，在长期的生存竞争中，不断进化、优化，练就形形色色的“拿手绝技”：有的昆虫可以用改变飞行的姿态或位置来调节体温，有的昆虫用与周边环境相似的拟态来躲避天敌的追杀……其中，苍蝇的楫翅渐渐退化为它的“平衡棒”，为人类研制新型陀螺仪带来了重要启示！

人类把苍蝇定为“四害”之一。可是，这并不影响苍蝇的为所欲为。尽管人类采用多种灭杀手段，可是苍蝇还是在空中飞来飞去，自由自在，喜欢追腐逐臭的“恶习”一点也不改，而且不断繁衍，根本不担心“人口下降”这个问题，更不用谈“低出生率”……哎，这是一种多么奇怪的小昆虫！

苍蝇的那些“破事儿”

提起苍蝇，人类念念不忘的有两件“破事儿”：一是它“贪吃”，二是它爱搓脚。这两个坏毛病在人类的眼中都是不讨喜的。

苍蝇好像没有吃饱的时候，整天飞来飞去，就是为了找吃的，十足的“馋鬼”。我们发现，不论是什么样的食物，它都要尝一尝，尤其是对那些味道比较浓的，像鱼类产品，还有糖、油炸的东西等，都要飞过去“闻一闻”“尝一尝”。人们还发现，苍蝇这家伙特别爱搓脚，好像成瘾了，一旦停下来就不停地搓来搓去。这让人类既讨厌，又很好奇。

其实，苍蝇的味觉器官长在脚上，只要它飞到食物上，总是用脚上的味觉器官去尝尝，然后再用嘴巴去吃。这样，它的脚上就沾染很多食物或污垢，这些污物如果不及时清除，就会影响它的飞行，更阻碍它的味觉。由此可见，苍蝇停下来搓脚，是为了清除脚上的脏东西，保持清洁呢。

知道了这个秘密，你对苍蝇的两件“破事儿”，会增加一些理解吗？“家家都有一本难念的经”，这句话用在苍蝇家族身上也挺合适。

苍蝇的飞行“特技”

苍蝇对人畜都非常有害，是一种令人讨厌的昆虫，种类很多。它的幼虫叫蛆，半个月就能长成成虫。成虫的苍蝇能传染疾病。苍蝇虽然对人类有害，可是，它高超的飞行技巧还是让人类眼红，至少不得不刮目相看。

喜欢观察大自然的朋友发现，不论是大鸟，还是小昆虫，在起飞的时候都需要一些辅助动作。譬如大鸟起飞要助跑，像海鸥起飞还要逆风起飞，获得一定的反作用力才能举起翅膀飞到天空。小鸟和大多数的昆虫起飞要弹跳，而苍蝇却什么都不需要。弱小而灵巧的苍蝇，可以在原地立即做出各种巧妙的飞行动作，如向上飞升、垂直下降、定悬空中、突然侧飞和回头飞行等。总之，它随时可以向任何方向飞行。

嘿，苍蝇的飞行本领堪称“世间一绝”。

苍蝇的“特殊贡献”

苍蝇的飞行特技引起了人类的关注和研究。科学家发现，昆虫有两对翅膀，这是众所周知的，而苍蝇却只有一对，另外一对已退化成棒状器官，人们叫它平衡棒。苍蝇在飞行时，平衡棒可以迅速转动，随时保持平衡。科学家为这一发现震惊不已！

后来，科学家根据苍蝇飞行的平衡原理，成功地研制了一种新型导航仪器——“振动陀螺仪”。这种仪器已用于高速飞行的火箭和飞机。装有这种仪器的飞机，能自动停止危险的“翻滚”飞行，即使机身在强烈倾斜时，也能够自动平衡，使飞机的稳定度非常完善，以至在复杂的急转弯时，飞机也能万无一失。这种新型导航仪器，有力地保证了火箭和飞机飞行的稳定性，同时，也保证了它们准确的航向。

【科学链接】

※ 苍蝇有六只脚，每只脚的末端都有一对钩爪和爪垫。像钳子一样的钩爪，加上钢硬的脚毛的配合，容易夹住物体，支撑身体，而在脚抬起时，又能自动松开物体，即使在玻璃上行走也不会摔跤呢。苍蝇后脚爪垫的面积比前脚大，黏附力更强。苍蝇的体重平均为 0.07g，在天花板上倒吊着爬行，不会因地心引力而掉下来。科学家用高灵敏度的触角量器测定苍蝇停立在玻璃表面时脚的黏附力，结果发现：苍蝇 4 只脚站立时，垂直起飞的耗用为 0.00103 N，6 只脚站立时耗用为 0.0024 N。

※ 苍蝇的食性很杂，香、甜、酸、臭的味道都喜欢，难怪夏天的时候，在不卫生的环境下，随处可见它们飞舞的身影。苍蝇很习惯边吃、边吐、边拉的生活方式。有人做过观察，在食物较丰富的情况下，苍蝇每分钟要排便 4—5 次呢。因为“边吃边吐”，有助于苍蝇迅速排除细菌。一般苍蝇从进食处理、吸收养分一直到将废物排出体外，只需 7—11 秒。这恰恰成了苍蝇不生病的“秘密武器”。

第4章

影响世界的发明发现

谁掀起了书写材料的革命

纸

纸是人类文明和文化科学得以记载、积累、传输和发展的物质基础。随着纸的质量不断提高和新品种的不断涌现，其应用已扩展到日常生活、医疗卫生、商业和工农生产等各个领域。造纸术是中国古代四大发明之一，对人类文明产生了难以估量的作用。纸的“前世今生”有很多值得细说的，而且纸类也成了一个大家族，有蜡光纸、玻璃纸、字典纸等。

在传递人类文明成果的材料史上，从最初的结绳记事到纸张的问世，是一次巨大的飞跃。中国人蔡伦的贡献无疑是最为杰出的。那么，纸是怎么发明的呢？

纸的“过往”

在远古时代，人们用“结绳”“堆石”等办法来记事。文字出现以后，人们又把记事的文字刻在龟甲兽骨上，叫“甲骨文”。商周时期，还出现了刻铸在青铜器上的文字，称为“金文”。春秋时候，又有新的记事材料“简牍”，把文字记载在竹片或木片上，后来开始用帛写字，也叫“帛书”。帛轻便，便于搬运、保存和阅读，但其材料昂贵，仅仅能供少数王宫贵族来使用。

转眼到了西汉时期，我国劳动人民发明了造纸术，使人类文明的承载与传播有了一个巨大变革。1957 年，考古工作者在西安市郊灞桥的古墓里，发现了 88 张西汉时期的纸张，证明西汉时期已经出现了植物纤维纸。这是世界上最早的纸张。

不过，这些最原始的纸实际上是丝一类的絮，是丝织作坊里的女工们从水中漂絮后意外得到的。有了这种絮纸，经不断改进，在沤麻的过程中，人们同样得到了麻纤维构成的薄片，才出现了植物纤维纸。

东汉的纸

对造纸工艺进行重大改革的，是东汉时期的蔡伦。

当时，用简、帛作为书写材料，笨重而昂贵，不便大量使用。蔡伦注意到这个问题后，意识到纸的重要用途。于是，他领导工匠们不断总结前人经验，希望制造出一种质地优良的纸张。皇宫工场里集中了一大批来自全国各地的能工巧匠，蔡伦带领他们用麻头和破渔网等作为原材料，把它们剪成碎片，放在水里浸渍相当长的时间，再捣成糨糊状，然后在席子上摊成薄片，放在太阳下晒干。

用这种方法造出的纸，既可以节省大量的木材，又能把碎麻头、破渔网等废物合理利用起来，关键是这种纸质地轻薄、柔韧性强，很适合书写。

东汉蔡伦对造纸工艺的革新，使造纸的原料来源广泛，价钱便宜，读书人都能买得到、用得起。因此，蔡伦造纸在全国或者在全世界范围内掀起了书写材料的一场革命。后来，随着经济、政治、宗教、文化的交流，造纸术传到了朝鲜、日本、越南、印度和欧洲，从而极大地加快了人类文明的前进步伐。

纸的“后裔们”

现在造纸的原料仍然是树皮、芦苇、稻麦草等植物纤维。这些原料经过一系列的加工，制成纸浆，再通过造纸机做成一卷一卷或一张一张的白纸，可是纸的品种却异彩纷呈。按照用途来分，有印制报纸书籍的新闻纸、胶版纸、铜版纸；有印刷练习本的书写纸；有包装用的牛皮纸、蜡光纸、玻璃纸等。

在纸的家族中，许多读者喜欢蜡光纸，它颜色鲜艳，还有各样美丽的图案和花纹。制作这种纸是要先把染料和甘油、蜂蜡、胶类等混在一起，调成糨糊状的涂料，再用机器均匀地涂刷在普通的白纸上，最后运用烘干、磨光等工艺。包装糖果的玻璃纸又薄又漂亮，像透明的玻璃，其实它是用木头或棉花做成的，要经过一系列的化学处理，包括挤压、凝固、漂白、染色等。玻璃纸不透气、不透油，可以防尘、防菌，是糖果、香烟和药品包装离不开的好帮手，既美观又实用。

【科学链接】

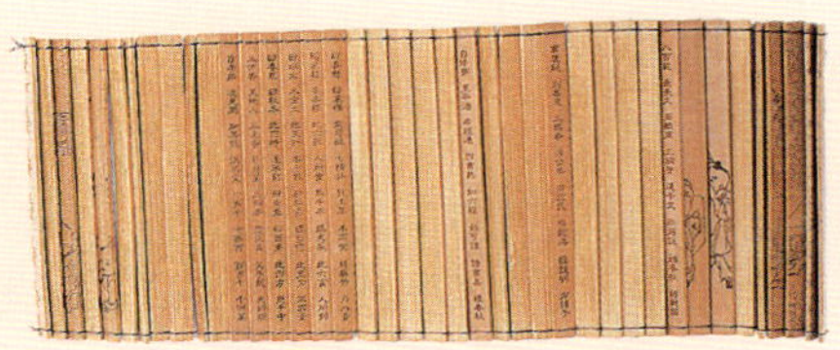

▲“简”是竹片，“牍”是木片，这种竹木有一二尺长，少的能写八九字，多的三四十字。用皮条把一篇刻在竹木上的文字串起来，成为“一册”，就是我国最早出现的书籍。现在我们还把一本书叫一册书就是这个缘故。这种“简牍”比甲骨、金文容易取材，也轻便一些，可是要写一本书或者抄一本书，往往要用数百根甚至数千根竹简，编成简册后体积庞大，又很笨重，出门带书还很不方便，少的要有挑夫肩扛手提，多的则用车装马拉。成语“学富五车”就是这样衍生而来的。

▲中国的造纸术首先传入邻国朝鲜和越南，随后由朝鲜传入日本，在唐朝时传入中亚，又通过贸易传播到达了印度。到了12世纪，欧洲人又从阿拉伯国家学到了造纸技术。后来，用中国造纸术生产出来的纸，逐渐取代了埃及的纸草、印度的贝叶、欧洲的羊皮等。

“君看一叶舟，出没风波里”——船

船是人类水上交通工具最为重要的发明之一。它经历了舟筏、木帆船和蒸汽机船三个阶段，现在进入了柴油机、核动力为主的钢船时代。在人类造船史上，美国人富尔顿无疑是最为出色的，他是用机械力来完成海上航行的“第一人”。随着新能源的诞生，才有了能在水上起飞的飞艇，有了能潜到水下的潜艇，还有威力巨大的航空母舰等纷纷跨江出海，乘风破浪，但是船的童年忘不了“君看一叶舟，出没风波里”的时代……

地球上水域的面积远远超过了陆地面积，不仅有无边无际的海洋，还有纵横密布的河流、湖泊，所以人类的祖先在生产生活中首次遇到的大难题可能就是怎样克服水对出行的制约。因此，人类对船一直念念不忘。

第一只独木舟

船舶作为人类的涉水工具，其历史几乎和人类的文明一样悠久。大约在公元前6000年，世界上有了第一只“船”。当时也许就是浮在水面上的一棵枯树，去掉枝叶，一根圆木，顺水漂流，远比人在岸上用双脚走得快啊！这里，它还不叫“舟”，作为第一种水上工具，是新石器时期我国东南部的百越人发明的，名字叫“筏”。

早期的独木舟中空部分是烧出来的。有了石斧以后，人们就用它在木材上凿出空腔，造出了真正的船——独木船。这就是“刳木为舟，剡木为楫”。古埃及人又发明了一种将芦苇捆扎在一起的造船方法。在哥伦布登上美洲大陆之前，独木舟是南美洲游徙民族唯一的一种船，一般有60英尺长。再后来，有了皮筏，在美索不达米亚、努比亚、印度和巴比伦的河流上，古人把皮筏作为重要的水上出行工具。

第一艘轮船

公元前2900年前后，埃及人最先用上了帆船。可是，真正用机械力来完成海上航行的轮船发明者，是19世纪美国著名工程师罗伯特·富尔顿。

1787年，22岁的富尔顿前往英国伦敦学习绘画。正赶上瓦特50岁大寿，瓦特请他去画一张肖像。这样，他就结识了蒸汽机发明家瓦特和其他几位机械发明家，了解了蒸汽机的原理和作用，使他对机械

技术产生了兴趣，决心当一名工程师，并把蒸汽机“搬”到船上作为动力，这无异于给船插上腾飞的翅膀呀！

1803 年，富尔顿来到法国巴黎，把自己想建造以蒸汽机作为轮船动力的构思呈报给法兰西帝国皇帝拿破仑。拿破仑当即同意，并给予了资助。1807 年，富尔顿终于制造出了世界上第一艘用机器推进的船——轮船，航行于哈得逊河上，并开辟了轮船运输业务。

用途广泛的现代船舶

1851 年，法国的亨利·吉法德设计制造了一艘长达 44 米的飞艇，在飞艇上安装了一台 3 马力的蒸汽机。1956 年，美国建造了世界上第一艘集装箱船，把货物全部装进 16 只巨大的铁箱子里，然后吊上船，到达目的地以后再卸下来，既安全又节省人力。1959 年，英国人科克雷尔发明了世界上第一艘气垫船，以每小时 60 海里的速度，轻盈地横渡了英吉利海峡。2003 年，在北京颐和园的昆明湖上，出现了我国最新研制的太阳能游船，利用太阳能来推进船体航行。2019 年，日本专家又设计了一种新型的电磁船，它靠电磁力来推动船体在水面航行，速度可达每小时 185 千米，比鱼雷艇还要快一倍。

可以说，随着内燃机、核动力相继问世，人类制造出了速度更快、燃料更节省的各种各样的轮船、巡洋舰、潜艇等，从专业上来讲就有集装箱船、液化气船、滚装船、科学考察船、破冰船、挖泥船等特殊船舶。“君看一叶舟，出没风波里”，终于成为遥远的回忆。

【科学链接】

▲世界上最大的“轮船”是航空母舰。从外形上来看，航空母舰一般舰长有200米，大的可达330米，宽度窄的有30多米，宽的80多米，船体矮的40米，高的70多米，相当于20层大楼那么高；从动力上来看，以美国的“尼米兹”号航空母舰为例，它的满载排水量10余万吨，时速达30节，装备了30万匹马力的动力装置，相当于3300辆载重汽车的动力总和；从武器的装备上来看，一艘航空母舰上装备有庞大的武器库，有用于进攻的舰载歼击机、舰载攻击机、舰载反潜机，还有用于后勤保障的预警机、侦察机、加油机、救护机等。

▲秦始皇在统一中国南方的战争中组织过一支能运输50万石粮食的大船队。15世纪初期的中国明朝，拥有了世界上最为先进的造船技术和最大的远洋船队，其中最为著名的是“郑和七次下西洋”！南京郑和宝船遗址公园坐落于600年前的龙江宝船厂遗址之上，是南京市为纪念郑和下西洋600年而投资建设的一座融旅游、纪念、展览、休闲为一体的大型遗址性公园。

"自然界厌恶真空"

——大气压

我们居住的蓝色地球被一层厚厚的大气压包围着，然而，在意大利物理学家托里拆利的实验公布之前，那时的人们谁也不知道大气还有压力。应该说，这种看不见、摸不着的大气压在人类的认识中，很长一段时间是被漠视的。可是，17 世纪物理学家托里拆利是怎样发现大气压的？大气压力究竟有多大呢？

大气压客观存在却又十分神秘，因为在托里拆利的实验研究前，人们对它是"不识庐山真面目"。幸运的是，托里拆利年轻时曾经受教于伽利略的得意门生卡斯特里。后来，在卡斯特里的推荐下，1641 年，他终于来到了伽利略身边工作，开启研究大气压的一段新旅程。

抽水遇到的难题

古希腊著名学者亚里士多德有一句名言："自然界厌恶真空。"意思是，在大自然中，空气无处不在，一旦真空出现，就像"水往低处流"那样，空气也涌向真空去填补。

按照这个原理，17世纪欧洲的一些矿井里使用活塞式抽水机来抽出矿井里的积水。当抽水机活塞提上来的水跟着上来，就赶走了活塞下面的真空。理论上，抽水时水被提上来的高度应该是无限的，活塞被提到哪儿，水就应该跟着跑到哪儿。可是，人们在使用抽水机抽水时发现，在超过10米深的井里，水就无论如何也抽不上来。

"这是为什么呢？"有人向伽利略请教。

"那是因为真空是有阻力的，抽水机中水柱的高度正好是这个阻力的量度。"伽利略作了这样的猜想。

可是，伽利略的学生托里拆利面对这个问题的时候，没有轻易地相信老师的判断，而是开始研究抽水机为什么不能从超过10米深的井里把水抽上来这个问题。

从实验中寻找答案

1644年，托里拆利和他的助手设计了一个简明而又精致的试验。因为测定10米高的水柱极不方便，托里拆利采用了密度为水的13.6倍的水银。他特制了一根长100厘米的玻璃管，一端封闭起来，一端开口。

然后将水银充满玻璃管，用手堵住管口的一端，再将管子颠倒过来放进盛满水银的槽子里，然后松开手指。

这时，管里的水银很快下降了一段，当水银柱静止时，测量它的高度是 76 厘米。他把玻璃管向不同方向倾斜，水银柱的高度却始终保持在 76 厘米。

随后，托里拆利给水银槽上部注满水，然后把玻璃管徐徐提起。当管口一离开水银的时候，管内水银就全部流了出来，然后水进入管内充满了整个管子。托里拆利由此断定，玻璃管中水银上端的那段空隙是真正的真空，否则水就不会充满整个管子。

托里拆利经过进一步分析，得出结论：空气压迫水银槽液面是产生这一现象的根源，由于玻璃管上端形成了真空，所以空气的压力就把水银压入玻璃管中，水银柱产生的压力正好等于空气的压力，这个压力就是大气压。通过这些实验，托里拆利不但获得了真空，而且还发现了大气压。

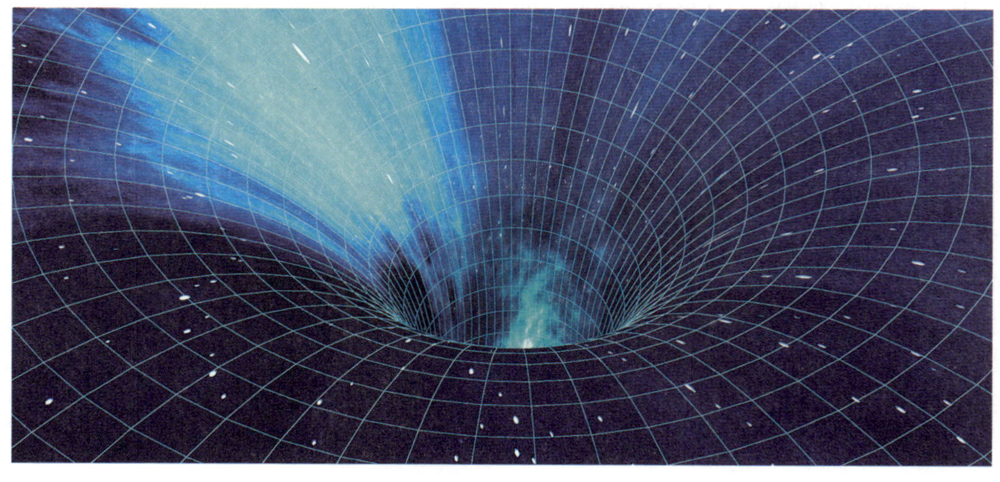

16 匹马拉开了两个半球

后人为了纪念托里拆利通过实验获得真空，并发现大气压的存在，便把实验中水银柱以上的真空空间叫“托里拆利真空”。

1648 年，著名物理学家帕斯卡重复了托里拆利的实验，再一次验证了大气压的存在。遗憾的是，当时还有很多人不相信大气压的存在。

1654 年，德国马德堡市的市长公开向马德堡市民演示了一个实验。他用两个直径约 36 厘米的铜制半球，涂上了油脂对接上，再把球内抽成真空，让两个马队分别拉一个半球 。开始用了 4 匹马，不论马夫怎样驱赶马匹，两个半球始终合在一起，纹丝不动。最后，这位市长竟然让马夫用上 16 匹马才把两个半球拉开。人们惊呆了！这个实验，也让广大市民见识了大气压的威力。从此，人们对真空呀大气压呀再也不会置疑了。

真空和大气压的发现，对人类科学技术的发展和社会生活的进步，有着十分重要的意义。今天，大气压已经成了普遍常识。我们将钢笔伸进墨水瓶中吸墨水时，就是大气压将墨水压入笔管；用麦管吸汽水时，也是大气压将它们压入口中；用吸尘器打扫卫生时，都是大气压在帮我们的忙。大气压几乎无处不在、无时不在，相伴在我们周围。

【科学链接】

▲“奋斗者”号是中国研发的万米载人潜水器，重约 36 吨，可在万米海底连续作业时间不低于 6 小时。据新华社 2023 年 3 月 11 日报道，“探索一号”科考船携“奋斗者”号全海深载人潜水器于当天下午抵达三亚，圆满完成国际首次环大洋洲载人深潜科考航次任务。此次科考由 10 所国内外机构参与，自 2022 年 10 月 6 日从三亚启航，历时 157 天，环大洋洲航行 22000 余海里。“奋斗者”号共完成 63 次有效下潜作业，其中 4 次下潜深度超过万米，开启了国际合作和万米载人深潜里程碑。

▲气压大小与高度、温度等条件有关。一年之中，冬季比夏季气压高。一天中，气压有一个最高值、一个最低值，分别出现在 9—10 时和 15—16 时，还有一个次高值和一个次低值，分别出现在 21—22 时和 3—4 时。在水平方向上，大气压的差异引起空气的流动。大气压与地理环境关系也十分密切，一般随高度增大而减小，地势越高，气压越低。在高山上煮不熟食物，就是与气压有关，因为在几千米的高山上水的沸点只有七八十度。

烟草花上的“心病”

——病毒

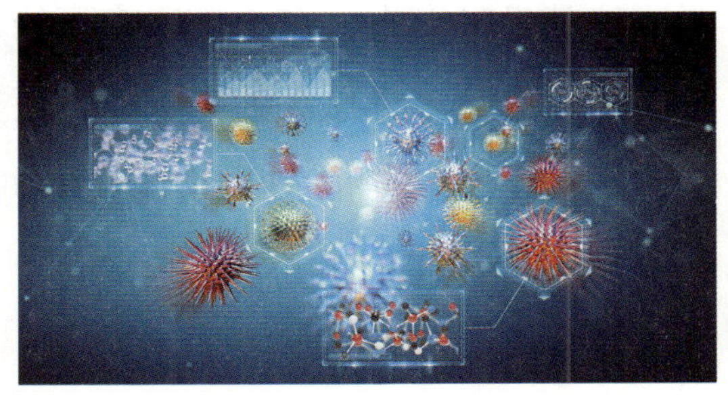

病毒早就存在，可以说“历史悠久”，但是研究它、发现它却是从俄国的伊万诺夫斯基开始的。伊万诺夫斯基原打算用过滤器把细菌过滤掉，可是通过滤孔的滤液仍然使健康的烟草叶感染花叶病，说明过滤液中还有比细菌小得多的原粒子存在，最终发现了烟草花病毒。从中我们得知，伊万诺夫斯基完成这一重大发现，用的是“排除法”……

你的眼睛看到最小的物体是什么？口袋里的钱币，指甲上的纹路，绣花针的针脚？还有比这更小的，那就是螨虫。它是人类肉眼能看到的最小的昆虫，只有0.2毫米左右。当然，还有比螨虫更小的病毒，绝大多数要在电子显微镜下才能看到它们的“尊容”……

病毒的“家史”

病毒不是生物，只是蛋白质衣壳里包了一个核酸分子，不能独立生长，必须借助宿主的细胞才能复制。那么，病毒是什么时间诞生的？“祖籍”在哪里，“祖宗”是谁？遗憾的是，人类至今没有发现它留下的化石记录，也就无法破解它的“家世之谜”。

不过，科学家们推测，在几十亿年前第一个细胞出现的时候，病毒可能就已经存在，甚至病毒有可能是和地球上第一个生命同时出现的。嘿，这是多么悠久的家史啊！至少在公元前二至三世纪，印度和中国就存在天花病毒。在家畜的病毒病中，狂犬病可能是最早有记载的，大约在公元前四世纪就有记述。

病毒的家族称得上“人丁兴旺”。科学家们已经发现的病毒超过5000种，“体形”有螺旋形、二十面体形的，还有更复杂的几何形状的，形态各异，大小约在20纳米到300纳米之间，大约30000到75000个病毒排在一起约有1厘米长，大约是细菌的千分之一。

病毒是人类的“仇家”之一。它能够引发很多疾病，比如感冒、流感、水痘等一般疾病，还有天花、艾滋病和禽流感等严重疾病。不过，有些病毒可以与人体长期共存，比如艾滋病毒、乙肝病毒等。在医疗卫生条件较为发达的今天，病毒已很难对人类构成大规模的杀伤……

比细菌更微小的粒子

病毒对动物、植物以及人等生物的影响和危害已经有许多世纪。第一个记载的植物病毒病，是17世纪存在的郁金香碎色病。可是，关于病毒的发现和研究最早是从烟草花叶病毒开始的。

1892年，年轻的俄国细菌学家伊万诺夫斯基专门从事烟草病研究工作。他知道，得了这种病的烟草花，首先是叶子上出现红红的斑点，接下来便是枯死腐败。恼人的是，那些带病菌的叶子还能影响其他植物的生长。100多年前，人们对烟草花这种病毫无办法，它成了许多研究者的一块“心病”。伊万诺夫斯基面对着这种流行性特别广的病毒一直非常留神，并开始对这种病毒进行研究，寻找着产生这种病毒的原因。

有一天上午，他又来到烟草地里，观看一片片烟叶。忽然，他在心里想：“烟草的花叶病能由一株传染给许多株，直到一大片都被传染上，难道是一种细菌在作怪吗？”

于是，他顺着这个思路开始研究，每天往返于烟草地间。时间一天天地过去了，然而，他却没发现一点结果。他非常懊恼，但是，并没有放弃。

不久，他又想出一个办法，采用一种无釉瓷过滤器，过滤有害的烟草提取液。他期望采用这种严格的过滤办法，可以把细菌全部过滤掉。

然而事与愿违，事情并没有他想象的那么顺当。这种过滤器的滤孔虽然比细菌还小，可是通过过滤孔的滤液仍能使健康的烟草叶感染花叶病。也就是说，感染花叶病的叶汁，即使经过特殊的过滤器也仍具有传染的性质。

这一偶然现象，使伊万诺夫斯基陷入了深思：这种过滤液中肯定还有比细菌小得多的原粒子存在，这种极其微小的粒子一定就是传染烟草花病的原因！可是，他叫不出这种“微小粒子”的名字！

不是简单的巧合

1898 年，荷兰科学家贝杰林克重复了伊万诺夫斯基的实验，他从患花叶病的烟草叶中挤出了一些汁液，并使之通过特制的滤器处理。

可是，实验的结果表明：滤液里仍有侵染性。

贝杰林克相信他的过滤器阻挡住了细菌，将汁液置于琼脂凝胶块的表面时，发现侵染性物质在凝胶中以适当的速度扩散，而细菌仍滞留于琼脂的表面。所以，贝杰林克认为，这种侵染性物质要比通常的细菌小得多。他的实验结果和伊万诺夫斯基的完全一样，并不是简单的巧合，而是有“比细菌更

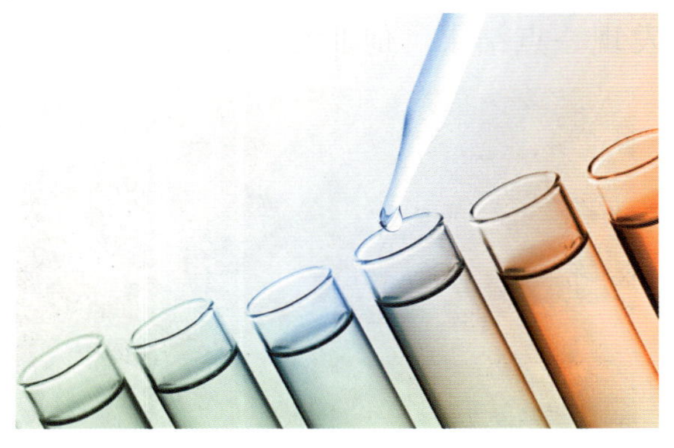

微小的粒子”客观存在！

至此，人们不难看出，伊万诺夫斯基和贝杰林克通过他们创造性的工作发现了“比细菌更微小的粒子”，正是烟草花叶病病毒。后来，人们在10万倍以上的电子显微镜下观察标本，看到了活的病毒实体，烟草花叶子上的病毒终于真相大白！

病毒的那些“糗事儿”

人类与病毒之间的战争已经持续了一代又一代。可是，人类至今不能完全战胜病毒，只是摸清了它的一些“脾气”而已。譬如，病毒可以通过空气和其他物体进行传播。有的病毒能通过人的唾液飞沫传播，当患者打喷嚏或咳嗽的时候甚至说话的时候，病毒就被带入了空气中。

病毒在不同温度、湿度的空气中，存活时间都不同。温度越高，病毒越难存活，56℃以上，30分钟就能够把病毒全部灭活。病毒在干燥的空气中，更容易漂浮传播。病毒对干燥、日光、紫外线等很敏感，存活时间会很短。当然，不同的病毒存活能力也不同。1982年美国明尼苏达大学的科学家研究发现，有的病毒在光滑的不锈钢和塑料表面可以活24—48小时，在衣服和纸巾上只能活不到8小时。

要防止病毒的侵害，预防传染和阻断传播源，除了经常对餐具等进行开水煮沸消毒以外，目前最有效的方法还是及时注射疫苗、养成良好的生活卫生习惯，如戴口罩、勤洗手、定期开窗通风、酒精消毒等。

【科学链接】

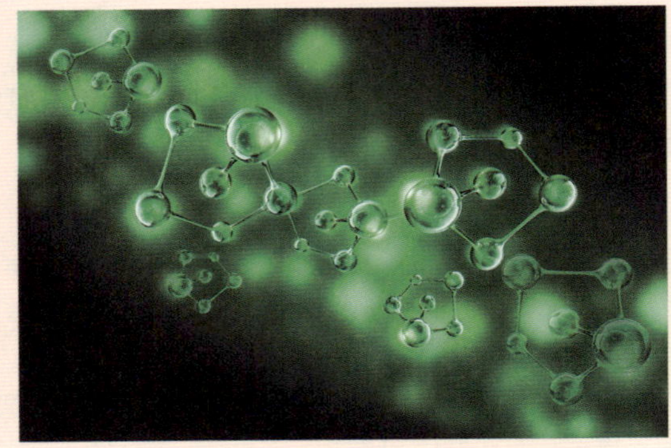

▲细菌比病毒"块头"大得多，细菌一般是微米级别，病毒则是纳米级别，最小的细菌和最大的病毒差不多大。病毒可以感染几乎所有细胞结构的生命体，包括细菌，但细菌则无法"感染"病毒。杀灭细菌可以用抗生素，但抗生素对病毒是无能为力的。病毒感染需要用抗病毒药物，最有效的预防手段是疫苗。

▲病毒到处存在。据测定，一茶匙的海水中有数千万个病毒。海洋中的微生物约占整个海洋中生物总量的 90%，而病毒每天会杀灭其中 20% 的微生物，每年减少大气中大约 110 亿吨的二氧化碳，是海洋碳循环过程中的主要力量。可见，这个世界上要是真没有病毒，整个生态系统就会"崩溃"。

人类的第三只“眼睛”

显微镜

窥探丰富多彩的微生物世界或者探索生物体内的奥秘，都离不开显微镜，它被称为人类第三只“眼睛”。显微镜诞生在眼镜商的家里，起源于400多年前孩子的调皮。不过，真正用显微镜打开微观世界大门的是荷兰人列文虎克，使人们第一次看到了数以万计的微小动物和植物。列文虎克一生共磨出419个镜片，写出375篇观察论文，从一个看门人成长为微生物学的创始人，而这一切都得益于显微镜的发明……

“手巧不如家什妙”，意思是赤手空拳办不到的事，可以借助工具帮助我们来完成。人类认识世界的过程也是同样的道理——看太远的东西用望远镜，看太小的东西用显微镜。显微镜像其他的发明一样，也走过了一段“加一加”“减一减”或“移一移”的方法来不断创新、改进和完善的道路。

神奇的“魔管”

最早制造出显微镜的人正是从磨制眼镜开始的，不过这个人不是后来大名鼎鼎的列文虎克，而是比他生活的年代要早一些的另一位荷兰人哈里耶斯·詹森。

1590年的一天，眼镜制造技师詹森有事外出，他的儿子偷偷摸摸地溜到了爸爸的工作坊里去玩。调皮的孩子顺手拿起一些镜片，像做游戏一样，把它放进铜管里对着一本书看起来，突然发现了一个奇迹：呀，字母的一个小点竟然大得像一只蝌蚪！

细心可爱的孩子对此着实惊讶无比。他觉得真是不可思议，怀疑是不是自己看错了。于是，他又拿着金属管对准自己的手掌看起来，嘿，原来模糊不清的掌纹居然也变得清晰可辨！金属管成了神奇的“魔管”！

这个意外的发现，使詹森的儿子兴奋不已。当他把手中的金属管递给父亲观看时，詹森也惊叹不已：小小金属管加上毫不起眼的镜片，竟然能创造出这样的奇景，了不起啊！

思维敏捷的詹森抓住了这个偶然的发现，反复实践，用大大小小的凸玻璃片做成了各种距离不等的配合，终于发明了世界上第一台显微镜：一支可以自由伸缩的金属管，两头各放了一片凸透镜，当管子的长短调节合适时，用它可以看清很小的物体。因为它是用两块镜片组成的，所以又称它为复式显微镜。如果用一块镜片磨成的，能够聚光点火或放大物体的，则是单显微镜，平时我们叫它放大镜。这也是大家最为熟悉的一种显微镜。

借助显微镜看世界的第一人

不过，真正让显微镜名垂史册、家喻户晓的，是安东尼·范·列文虎克。16 岁那年，列文虎克到一家杂货店当学徒，隔壁正好开着眼镜店，勤奋好学的他利用业余时间学会了磨眼镜，掌握了磨镜片的技巧。后来，杂货店倒闭，失业的列文虎克到处流浪，好不容易在自己家乡德夫特镇政府当了一名看门的工人，用今天的话来说，就是值班的门卫。这时候，列文虎克再次想到了磨眼镜，决心用这件有趣的事儿打发无聊的时光。

1665 年，列文虎克研制出第一台显微镜。

1675 年的一天，列文虎克把镜片磨得又薄又干净，站在阳台上，用它来观察从空中落下的一滴滴雨水，竟然发现雨水里还有许多肉眼看不见的微小物体在游动。

这时候，列文虎克一心想看到更清楚的微观世界，想揭开微观世界里更多的奥秘。于是，他精心地磨呀磨，不停地调呀调。镜片被磨得发烫，手被磨得起泡，他都咬着牙坚持着，心中只有一个信念——磨得再好一些、看得再清楚些！

后来，他把磨好的镜片固定在金属板上，并装上能够调节镜片的螺旋杆，相继制造出了两台放大150倍和270倍的显微镜。他用这两台显微镜观察了血液，绘制了红细胞和微血管图，打开了微观世界的大门，让人们看到了奇妙的微生物。

现代显微镜可以把物体放大到1000至1500倍，如果用它来观察一只蚊子的脚，嘿，竟然像一根电线杆那么粗，好神奇！

【科学链接】

▲1931年，德国物理学家恩斯特·鲁斯卡成功地研制出电子显微镜，使科学家能够观察到百万分之一毫米那么小的物体，引发了生物学的一场革命，并被授予诺贝尔奖。电子显微镜的放大能力比光学显微镜大1000倍。世界上最先进的电子显微镜可以放大到200万倍，相当于把直径4米的气球放大到地球那么大，通过它人们能够观察到直径只有0.3纳米的原子就像一个小馒头。

▲医院里化验大小便、血液、分泌物、染色体等，用的就是光学显微镜，虽然分辨本领只能做到0.4微米到0.2微米左右，但也足够了。世界上第一台扫描隧道显微镜诞生于1981年。它是瑞士科学家格尔德·宾宁和海因里希·罗勒发明的。它看到的原子，就像一个翻过来的装鸡蛋的纸板盒。

一道神秘的绿光

——X射线

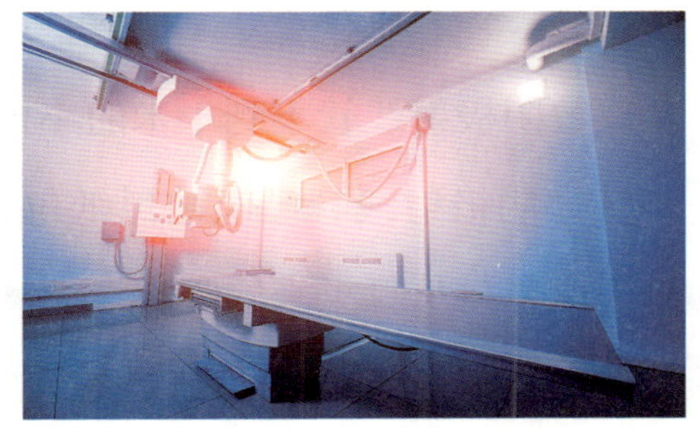

世界上有许多重要的发现，像重大的发明成果那样，可以直接造福人类，譬如X射线的发现就是这样。它像显微镜一样，至今仍被广泛地用于医学检查，成为医生救死扶伤的好帮手。X射线的发现，具有十分重大的意义，被誉为19世纪末物理学的“三大发现之一”。当然，在人类的发现史上，它也属于一个意外的大发现……

1836年，英国科学家法拉第就发现，在稀薄气体中放电时，会产生一种绚丽多彩的辉光。由于这种辉光是由阴极发出的，因此，后来物理学家把这种辉光称为“阴极射线”。为了探明阴极射线，许多科学家都为此进行了深入的研究。德国杰出的实验物理学家威廉·康拉德·伦琴就是其中的一位。

会发光的板凳

1895 年 11 月 8 日傍晚，伦琴又像往常一样，走进了他的实验室。当时，伦琴正在做阴极射线的研究，由于工作的原因，他只能把自己的科学实验放到晚上进行。他用黑纸将阴极射线管严严实实地遮掩好，使它与外界相隔绝，然后把窗帘放下，把灯熄灭，再接通电线，让高压电通过阴极射线管。

这一次，他突然发现一个非常奇特的现象：有一道淡绿色的荧光，从离放阴极射线管不到 1 米的小板凳上发出。

“阴极射线管已经被黑纸包裹得严严实实的，荧光屏也没有竖起来，绿光是从哪里来的呢？”

起初，伦琴以为是自己的错觉。他又睁大眼睛仔细再看，果然有一道绿光。可是，当他把高压电源关掉时，光线也随之消失了。

“难道板凳会发光？”

敏感的伦琴立刻点灯，发现板凳上摆着自己原来做实验时的一块硬纸板，硬纸板上涂了一层荧光材料，神秘的荧光就是从那里发出来的。

“可是，纸板又怎么会发光呢？是不是那个阴极射线管的原因呢？”

伦琴很快意识到有某种未知光线被发现了。当他再次打开开关，拿了一本书放在硬纸板与阴极射线管之间时，绿光还是投射在硬纸板上。他把阴极射线管的电源切掉，绿光一下子又消失了。这就证明绿光确实与放电有关。接着，他先后在阴极射线管与硬纸板之间放了木头、玻璃、硬橡胶等，结果发现这些东西都不能挡住这种光线。

“太神奇了！”伦琴惊喜万分！

接下来，伦琴在实验室里整整做了 7 个星期的实验，终于确定这是一种还不为人知的新射线，因此就给它命名为 X 射线。

铅片上手的轮廓

在随后的一次检验铅对 X 射线的吸收能力时，他意外地看到了自己拿铅片的手的骨骼轮廓。

“天哪！竟然会这样！”伦琴感到不可思议，惊讶得目瞪口呆。

随后，他又让妻子把手放在黑纸包严的照相底片上，用 X 射线照射，当底片经过处理后，手部的骨头清晰可见，就连手指上的结婚戒指也非常清晰。

“太不可思议了！”伦琴在心里兴奋地说。

1895 年 12 月 28 日，伦琴将他的成果写成论文，题目为《一种新射线的初步研究》，在符茨堡大学医学物理学会上宣读，并且当场展示了他妻子的手骨照片。

X 射线的发现，立刻传遍了全世界，在公众中引起了轰动。特别是那些女士们，更是惶恐不安。这种 X 射线可以穿透任何东西，如果有坏人用它来窥探她们的玉体，那该怎么办呢？所以，当时有一家制衣公司还特意制造出一种防 X 射线的衣服。据说，这种衣服在当时卖得红红火火。不过，这种担心是多余的，X 射线只能看到人的骨头。

1901 年，伦琴因为发现了 X 射线而成为第一个诺贝尔物理学奖获得者。X 射线发现后，很快在医学上得到应用，为疾病的治疗提供了准确的依据，大大提高了医学诊断水平。

【科学链接】

▲自 1540 年至 1895 年间，对 X 射线发现有关的科学家有 25 位，其中包括著名的科学家波尔、牛顿、富兰克林、安培、欧姆、法拉第、赫兹、克鲁克斯、雷纳德等，伦琴是在他们的基础上加上自己的努力探索最终获得了成功。1896 年 1 月，伦琴关于 X 射线的第一部专著出版。1905 年召开的第一次国际放射学会上，正式将 X 射线命名为伦琴射线。

▲X 光是一种看不见的射线，它的穿透力非常强，能穿过我们的心脏，却穿不透我们的骨骼。当我们站在透视机前时，医生从透视机的荧光屏上，可以看到我们身体器官的轮廓：骨髓是白色的，心脏、肺脏是暗灰色的。如果哪个部位有病，就会出现特殊的阴影。X 射线是直线传播的，可以穿透千页的书、2—3 厘米厚的木板、几厘米厚的硬橡皮等。

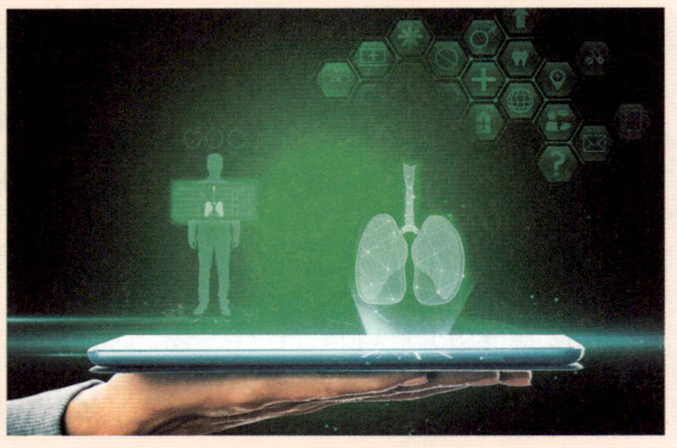

医院里有了“火眼金睛”

——CT 扫描仪

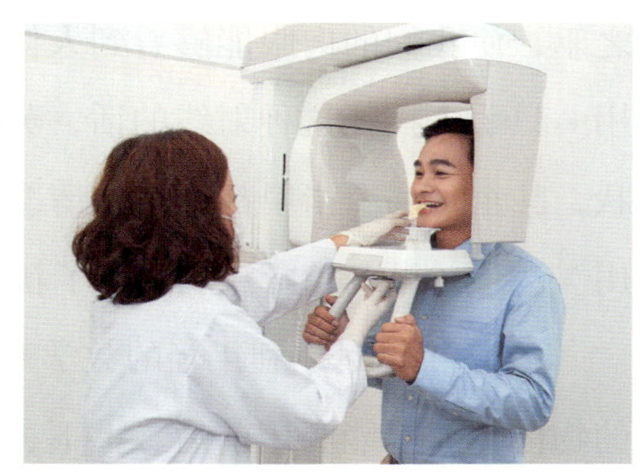

世界上有些重要发现与重大发明犹如孪生兄弟一样，总是形影相随，譬如X射线的发现与CT扫描仪的发明就是很好的例证。1969年世界上第一台CT机，即CT扫描仪的诞生，正是在X射线被发现的基础上得以成功的。CT扫描仪的发明问世，在20世纪70年代的医学界曾经引起爆炸性轰动。这项发明被认为是继伦琴发现X射线以后，物理学对放射医学的又一划时代的新贡献，被誉为20世纪医学诊断领域所取得的最重大突破之一。CT扫描仪的发明，也经过了漫长而曲折的过程，并不是一蹴而就……

现在人们去医院看病，特别是患脑部的疾病，医生常常会让病人做一个CT检查。CT检查以它方便、直观、准确的特点，为人们所接受和喜爱。可是，CT 究竟是什么呢？它和传统的 X 射线摄片有什么不同？ 它的发明又有怎样奇妙的故事呢？

发明史上的一场接力赛

1895 年，维也纳的各大媒体在显著位置报道了一条喜人的消息：德国科学家伦琴发现了神奇的 X 射线！这种射线可以穿透人体的血肉之躯，使我们的肉眼能够看到人体的骨骼！如果你走到荧光屏前，想用一只手去挡住这种射线的话，荧光屏前就能清晰地看到你手指的形状，甚至每一个指甲都看得一清二楚。伦琴发现了 X 射线，为人类利用 X 射线诊断与治疗疾病开拓了新途径。

1917 年，奥地利年轻的数学家雷杜利用数学方法证实，一个立体的物体，如果能利用前后、上下、左右、深浅等几个角度加以表现，则可以充分显示出它的立体特征。他的这一论点，成为 CT 技术发明和发展的重要理论基础。

1938 年，一个名叫法兰克的放射学专家，开始实际验证雷杜的观点，利用 X 射线诊断疾病，发明了一种被称为 X 射线断层摄影的诊断新技术。

这些成果的相继取得，为 CT 技术的应用，打开了一扇窗户，许多科学家为此绞尽脑汁地奋斗着，打响了一场持续的攻坚战……

细胞被“计算”出来

1957年，美国物理学家艾伦·科马克在一家医院兼任技师。他亲眼看到一些癌症患者在癌细胞的折磨下痛不欲生的情景。可是，他在使用伦琴的X镜为患者进行透视时，只能看到病人的骨骼或肺部疾病：

“能不能发明一种机器，对病人的细胞一一扫描呢？也就是说，像X镜能看到骨骼一样，这种机器能看到细胞。”

经过一番深入的思考以后，他心想：“如果把电子计算机与X镜关联在一起同步工作，那样的话，对病人的病情检查一定会更细致、更准确。”

科马克为自己的“奇思妙想”而激动。

与此同时，另一位英国的电子工程师豪斯菲尔德，也在不同的岗位上思考着同一个问题：把X镜与电子计算机结合在一起。

虽然远隔重洋，他们却心有灵犀，想到了一块儿。嘿，把两种机器结合在一起，多么大胆、多么惊人的创意！这就是发明创造方法中的“加一加”。

在研究中，他俩发现X射线对人体的各个组织吸收程度不同，而计算机就能分层来计算它的吸收程度。这样，癌细胞就能一一被“计算”出来了。这为CT技术的发展又向前推进了一大步。

医生的“照妖镜”

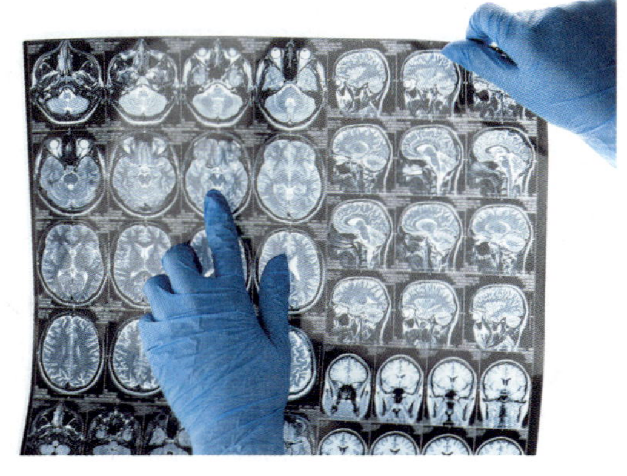

经过十几年的潜心努力，1969年，豪斯菲尔德研制的世界上第一台电子计算机控制的X射线扫描机，简称CT机终于诞生。这种机器能将人体内要检查的部位，分成数以万计的小点点，再通过X射线显像机，把人体内的5—10毫米的病体一一“照”出来。人体的脑、心脏、肝脏等器官，在CT机的“火眼金睛”下，只要有病变的“蛛丝马迹”都能看出来。

1971年9月，CT扫描仪正式安装在伦敦的一家医院。10月4日，豪斯菲尔德与神经放射学家阿姆勃劳斯合作，首次成功地为一名英国妇女诊断出脑部的肿瘤，获得了第一例脑肿瘤的照片。同年，他们在英国放射学会上发表了论文。1973年，英国放射学杂志对此作了正式报道，这篇论文受到了医学界的高度重视，被誉为“放射诊断史上又一个里程碑”。

从此，放射诊断学进入了CT时代。医院的医生们手中有了这种“照妖镜”——CT扫描仪，癌症这种“妖魔”便无处藏身。如今，第五代CT机已经产生，从原来检查“诊断”要几分钟变成只需几秒钟，而且分辨率也大大提高。

【科学链接】

▲1919 年，豪斯菲尔德出生于英国纽瓦克，曾就读于吉尔德学院。1939 年至 1946 年，也就是第二次世界大战时期，他在皇家空军雷达学校任教。战后，豪斯菲尔德进入伦敦法拉第·豪斯电气工程学院学习。1951 年应聘到电器乐器工业有限公司从事研究工作。1975 年，他成为皇家学会会员，1981 年被授勋为爵士。他于 1975 年和 1976 年还分别获得巴塞尔大学、伦敦大学等校授予的名誉医学博士学位、名誉理科博士学位和名誉工程学博士学位。由于发明了 CT 扫描仪，豪斯菲尔德和科马克共同获得了 1979 年度的诺贝尔生理学或医学奖。

▲电视、电脑、手机、微波炉等，甚至太阳光和月亮光线中都存在着 X 射线，它对生物细胞有一定的杀伤破坏作用，过量地照射 X 射线后，会影响生理机能。适量的照射，并不会影响人体的健康。偶尔做一次胸部透视、胃肠道检查、拍一张骨骼 X 射线片、脑部和肺部 CT，都不会引起不良反应。

传播图像的“魔镜”

——电视

如今，不用去电影院，坐在家里的沙发上，就可以在电视上观看最新上映的电影，欣赏到逼真如画、如梦如幻的影像。是啊，电视成了我们生活娱乐、开阔视野、增长知识的好帮手……那么，电视是谁发明的，经历了怎样的发明过程？

电视是一种用无线电将活动的图像传送到远距离去的装置，哪怕千里万里，只要有传输信号，它就能接收和播放。它需要有电视摄像机将画面转换成电子信号，再通过电视发射台把电子信号传送给电视接收机，再由电视接收机把这些电子信号还原成图像和声音，而电视接收机就是我们通常所说的电视机！

收获了“谴责”

1925年的一天，英国伦敦一家最大的百货商店里来了许多好奇心非常强的客人，都是赶来看一种能接收到图像的机器的。可是，人们看到的只是闪烁不清的影子或物体的轮廓。他们感到失望极了：

“这不是什么发明，是吹牛。应该告诉这个发明者，这不是他的错，是老板的馊主意。”

“哎，尊敬的发明家，能不能弄一点清楚的图像让我们看看，这哪叫欣赏，这叫精神伤害。”

发明家贝尔德听了，尴尬地低下了头，怎么也想不到辛苦的努力，收获的竟然是人们的“谴责”！

当时，虽然无线电技术已经广泛应用，前人在研究电视上取得了一些成果，包括德国人保罗·尼普科，早在1883年，这位23岁的年轻人就发明了一种分解图像的机械扫描盘——“尼普科圆盘”。这还算不上真正意义的电视，但称得上是电视的先驱，或者说，为电视的诞生奠定了基础，积累了不少经验，真正能让观众看清图像的电视并没有诞生。

一朵十字花

贝尔德研究电视的时候，是一个年龄不到20岁的英国青年，大学毕业后在一家电气公司工作。他为了研制电视，为了让“电传送图像”，

将自己仅有的一点财产也卖掉了，又搜集了大量的资料，全身心地投入到研究中。

贝尔德在苏格兰建造了一间非常简陋的实验室，没有实验经费，没有设备，只好自己动手用一些从废物堆里捡来的电动机、茶叶箱、透镜等代替。他在这间简陋的实验室年复一年地做实验，也做着发明电视的美梦。经过 18 年的努力，于 1924 年春天，他成功地发射了一朵十字花，这让他兴奋不已。可惜，发射的距离仅有 3 米，而且图像不稳定，仅是一个轮廓。

贝尔德没有放弃，决定继续研制。可是他生活艰难，没有钱吃饭，没有钱租房，穷困潦倒已经到了极点，只好忍痛卖掉一些设备零部件来维持生活。后来，在家乡的两个堂兄弟知道贝尔德陷入绝境后，寄来了 500 英镑，使他“起死回生”，得以继续研制电视机。

从伦敦到纽约

在贝尔德发明电视机的过程中，不仅遇到穷困、疾病的威胁，还曾被 2000 伏的高压电击倒在地，昏死过去，希特勒的飞弹还曾击毁了他的实验室，可是，这些都没有阻止他的研究。

1925 年 10 月 30 日，终日陪伴他的木偶“比尔”的脸被清晰地显现在接收机上。贝尔德激动得大叫着，直奔到楼下，一把抓住店堂里的一个小伙子，拉到楼上，硬按在“比尔”的位置上。小伙子吓得直打哆嗦，不知所措。几秒钟后，他从贝尔德的“魔镜”里看到了自己的脸，才吃惊地喊叫起来：

“天哪！真是奇迹！”

“没什么。总有一天，我的‘镜子’还能把照到的图像传送到千里之外呢。”贝尔德自豪地说。

贝尔德发明的“魔镜”震惊了英国。这也标志着最简单的黑白电视的诞生。

随后，资助他的人纷纷而来，贝尔德更新设备，开始了大规模的试验：1928 年，贝尔德把伦敦传播室里的人像传送到纽约的一部接收机上，嘿，从伦敦到纽约，这是多么了不起的创举！不久，贝尔德又把伦敦一位姑娘的图像传送给远洋航行的未婚夫……

1929 年 9 月 30 日，贝尔德通过英国广播公司发射机开始了他的首次电视服务。1930 年 5 月，贝尔德研制的首批电视机上市。1941 年 12 月，贝尔德传送的首批完美的彩色图像获得成功。

电视的“新宠”

人类发明创造的脚步永不停歇。

为了节省功耗，科学家们发明了液晶电视。液晶是介于液体和晶体之间的物质材料，具有十分灵敏的电光效应，用它做成显示板能还原逼真的色彩，达到高清晰度，厚度、重量、电耗等都比普通显像管要少得多，深受人们喜爱。

数字电视是一个从节目采集、节目制作、节目传输直到用户端都以数字方式处理信号的系统，能为用户带来更多的节目选择和更好的节目质量效果，具有图像质量高、节目容量大、伴音效果好等特点。从 20 世纪 80 年代起，欧洲的德国、英国等开始研制数字电视。2006 年 12 月，荷兰成为世界上首个实现电视数字化的国家。目前，我国已经有几千座发射台、上万部数字电视发射机覆盖广大城乡地区，让许多观众打开电视就能看到数字电视节目。

【科学链接】

▲电视转播有一段漫长历史：1936年11月2日，世界上第一个定期播放电视节目的电视台——英国的BBC电视台正式开播，每天播出2小时的电视节目；1939年，美国人第一次用电视节目播送了罗斯福总统在博览会上的开幕致辞；1953年，英国对女王的加冕大典进行了电视现场直播，这是历史上第一次重要事件的现场国际电视传播。

▲电视技术发展十分迅速：第二次世界大战使刚刚兴起的电视技术几乎陷于停顿，英国的BBC电视台于1939年9月1日停播，美国的电视设备生产厂家转入生产军需物质。战争结束后，电视才流行起来。以美国为例，从1949年到1951年第一次全国普遍播出电视节目时，电视机的数量从100万台一跃为1000多万台，到1958年约4700万台家用电视机。20世纪80年代以后，电视机以不可阻挡之势迅速进入中国的千家万户。

上天入地的“千里眼”

——雷达

热爱军事的青少年朋友都知道，我们国家从“中华神盾”驰骋大洋，到先进战机超远程打击，再到打造坚固的空防体系……负责探测预警、引导打击的雷达，是其中重要的核心。也正是在众多科学家的努力下，当今中国雷达的性能水平，在全世界都位于前列，不容忽视。那么，雷达是谁最先发明出来的？它的家族还有哪些“前世今生”？

自然界中，鸽子有一双明察秋毫的眼睛，纵目眺望，能够一眼认出翱翔在天外的老鹰，并准确地识别出这只老鹰是吃动物腐尸还是捕捉活物的。鸽子即使离巢很久，一旦归来，仍然能够准确地找到旧居，在千百只盘旋的鸽子中亲昵地认出自己的伴侣……瞧，多神奇！人们多渴望也有一双“慧眼”，能够在瞬息万变的自然环境中识别目标。与鸽子截然相反的是蝙蝠，它长期生存在黑暗的环境中，视力退化，像个瞎子，却像黑色的精灵自由飞翔，不会担心撞上电线杆或石壁弄得头破血流……

从蒙住蝙蝠的双眼开始

意大利有一位叫斯帕拉捷的博物学家对蝙蝠的飞行就一直着迷。他很想看看蝙蝠究竟是怎么飞行的，揭开它的“探路之谜”。于是，第一次，他把蝙蝠的眼睛蒙住，发现它照样悠然地飞行，不影响它辨别方向；第二次，他把蝙蝠的鼻子蒙住，发现它还是轻松地飞行，一点也不影响它的方向辨别；第三次，他把油漆涂在蝙蝠的翅膀，发现还是不影响它的飞行；第四次，他把蝙蝠的耳朵蒙上，才发现蝙蝠就黔驴技穷，到处乱撞，像一只没头没脑的苍蝇……

在斯帕拉捷的研究成果基础上，科学家们更上一层楼，终于发现蝙蝠在飞行时，在喉咙里产生了每秒钟振动 2 万次以上的超声波，通过嘴巴或鼻孔向外发射（注意，是两种器官哦）；当超声波遇到食物或障碍物，立即形成反射的回波，蝙蝠那对宽大的耳朵便能够十分灵敏地接收这些回波信号。蝙蝠正是根据反射回来的信号来判定目标是食物还是障碍物的，以及物体的大小、距离等，从而确定是捕获，还是躲避。

科学家把蝙蝠的这种探测目标的方法叫“回声定位术”。1887 年，德国科

学家赫兹在证实电磁波的存在时，发现电磁波在传播的过程中遇到金属物会被反射回来，就如同用镜子可以反射光一样，蝙蝠的“回声定位术”也是一样。这实质上就是雷达的工作原理。

遗憾的是，他没有继续深入地研究下去，雷达的发明与他擦肩而过。

荧光屏上的魔爪

1934 年，英国人为了防御敌机对本土的攻击，加快了雷达的研制步伐。当时，除了看见飞机和听见飞机的声音外，还没有一种能提前发现飞机的方法。

1935 年，英国政府命令皇家无线电研究所所长罗伯特·沃森·瓦特，研制一种能够探测远距离飞机的装置。因为各种迹象表明，德国法西斯已经准备把侵略的“魔爪”伸向欧洲大陆了，英国当然难逃一劫。有着强烈爱国心的沃特森立即带着他的助手进行这项专题研究。可是，说起来容易做起来难，课题组成员夜以继日地攻关，仍没有什么有效进展。

有一天，沃特森在调试监测器时突然发现，荧光屏上有一串小小的亮点：

“真奇怪，为什么会有亮点呢？”沃特森怀疑地问。

“是不是显像装置出了故障？”一位助手说。

“也许是附近有什么干扰吧。”另一位助手说出了自己的看法。

可是，他们仔细检查荧光屏以后并没发现什么问题，把附近的电源关了，那亮点儿还是没有消失。

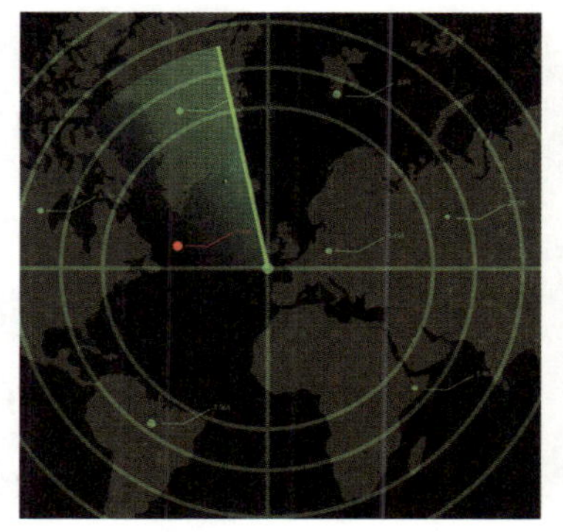

“把监测器搬到外面再试试。”沃特森对助手们说，“抓住这个可疑的亮点，说不定还能弄出点名堂来呢。”

当他们把监测器搬离大楼远一点的地方，继续按原方法操作时，荧光屏上那串神秘的亮点没有了，沃特森兴奋地说：“这说明，我们研制的设备已经能够测出被障碍物反射回来的无线电回波啦，这道理与蝙蝠的口与耳能接收超声波一样。”

几天以后，沃特森命令助手们把设备装在一辆载重汽车上试验。同时，配合试验的一架飞机从 15 千米以外的天空向试验场地飞来：15 千米，14 千米，13 千米，12 千米……荧光屏上终于闪现了一个耀眼的亮点！

“成功啦，成功啦！”沃特森与助手们激动地抱成一团。

这就是世界上第一台雷达。这台雷达能发出 1.5 厘米的微波，因为微波比中波、短波的方向性都要好，遇到障碍后反射回的能量大，所以探测空中飞行的飞机性能好。为了安全和方便，当时称这种雷达为 CH 系统。半年后，沃特森和他的助手们又攻克了许多技术难关，终于使雷达能够发现 80 千米以外的飞机，并准确地读出它的高度，把听到（声波）的变成看到（亮点）的。

在逐步成长中大显身手

随后，第二次世界大战爆发，空中“千里眼”在保卫英国领空、对付德国空军入侵方面，立下了汗马功劳，而这一切都离不开蝙蝠“回声定位术”给人类带来的启迪！蝙蝠要是知道了，说不定也会向人类讨个“专利权”呢。

雷达的问世，在第二次世界大战中发挥了很大作用。英国人为了对付德国战机，布设了200千米长的雷达网，给希特勒造成极大的威胁。英国海军又将雷达安装在军舰上，这些雷达在海战中也发挥了重要作用，赢得了空中优势。

1941年，苏联科学家又把雷达装备在飞机上，从而诞生了预警雷达。后来，生物学家研究发现，鸽子的眼睛里有成百万根密集的神经纤维，视网膜内有100多万个神经元，能完成一系列复杂的特殊操作——可以在极短时间内，准确地判断出物体的亮度、凸边、方向边、垂直边和水平边。科学家根据鸽眼工作原理制成的“鸽眼电子模型”，改进了警戒雷达系统，把它设置在机场边缘和国境线上。它只能发现飞进来的敌方飞机和导弹，对飞出去的则不起反应。这样，便提高了发现目标的选择性和准确度。

现在，雷达的预警能力越来越强，效果也越来越好。美国有一款非常厉害的雷达，代号海上巨眼SBX-1雷达。这是美国最先进的预警雷达之一，它的最大探测距离可达到7500千米，也是目前世界上探测距离最远的雷达。其次是俄罗斯研制的预警雷达，最大探测距离可达到5800千米，遗憾的是，能耗太高，平均一天消耗的电费达数万美元。

我国研制的量子雷达绝对称得上是世界上最先进的雷达之一，虽然它不是测距最远的，却是预警精确度最高的，而且专门为隐身武器“量身定制”。

目前，雷达已被广泛地应用于侦察、警戒、导航、跟踪、瞄准、制导和地形测量，还可用来探测天气，查找地下几十米深处的古墓、空洞、蚁穴等。可见，雷达不仅是战争的宠儿，在其他领域也可以大展身手呢！

【科学链接】

▲中国雷达工业发源地展馆位于南京市雨花经济开发区中国电科十四所园区内，总建筑面积为1200平方米，专题展示了中国共产党领导下的中国雷达工业从起义诞生、起步发展、修配仿制、支援抗美援朝、三线建设到自主创新、强军兴军、高水平科技自立自强等发展历程，充分展示了中国雷达工业取得的伟大成就以及不同时期中国雷达人传承和弘扬科学家精神的生动实践，成功入选全国首批“科学家精神教育基地”。

▲激光雷达作为新的大气遥感手段正在蓬勃发展，精确的大气物理、化学、生物参数探测，对于数值天气预报、气候模型改进、军事环境预报、生化气体监控、机场风切变预警等具有重大意义。2022年5月15日，全球首台中尺度二氧化碳通量探测激光雷达在南京信息工程大学诞生。该雷达由智能遥感工程研究院夏海云教授团队潜心数年研制，是目前全世界唯一可以实现二氧化碳通量探测的商用激光雷达。

在太空自由出入的“卡车”

——航天飞机

1957 年苏联第一颗人造卫星上天以后，浩渺的太空中不停运转着不计其数的各种人造卫星。可是，它们只能自行坠毁无法维修，更不能返回地球重新使用，属于“一次性产品”，最终成为“太空垃圾”。后来，苏联又成功发射宇宙飞船，美国的宇宙飞船首次实现了人类登临月球的梦想。那么，有没有可以长期“生存”在太空的载人利器呢？

太空垃圾中危险最大的是具有很高动能的金属废料，一个直径只有 1 厘米大小的颗粒在与卫星碰撞时，就能释放出一颗手榴弹爆炸的能量；一颗迎面而来的直径为 0.5 毫米的金属微粒，足以戳穿密封的宇航员飞行服；人们肉眼无法辨别的尘埃（如油漆细屑、涂料粉末），也有可能成为令宇航员殒命的“杀手”。

为了减少太空垃圾的产生，更好地探索太空奥秘，自 1969 年 4 月，在耗资巨大的“阿波罗登月计划”行将结束之际，沉溺在太空探索激情中的美国国家航空航天局认为，需要建设一种可重复使用的航天运载工具。1972 年 1 月，美国正式把研制航天飞机空间运输系统列入计划，美国科学家开始启动航天飞机的研制工作。这项伟大的发明创造不是一个人的成果，而是一个科研人员庞大的团队。

从理念设想到成果飞天

没有做不到，只有想不到。

科学家们对航天飞机的主要设计理念是：要用它把大量载荷送入地球轨道，使它能在轨道上检修卫星，并能把卫星带回地面修理等；它可以像飞机一样在机场跑道上着陆，一般可重复使用 100 次；它可以用作在太空中进行工作的科学实验室，为人类开辟新的知识源泉；可以作为一个空中工厂生产一些在地面上难以生产的高标准产品，可以成为太空修理站。对此，有人把航天飞机称作出入在太空的“卡车”，可以定期来往于地球与太空之间呢。

航天飞机是火箭、载人飞船和飞机组合而成的“三剑客”。除了要解决动力、防热等问题外，还要考虑航天飞机的安全性，因为载人航天飞机技术从起飞、上升、轨道运行、再入大气层直到返回着陆过程中，要经受各种非常恶劣的环境考验，万一人没了，航天飞机上天也就失去意义啦。

1977年8月12日，航天飞机载人试飞圆满完成。1982年11月，“哥伦比亚”号首次正式飞行，成为世界上第一架载人航天飞机。它的第一次飞行的任务只是测试它的轨道飞行和着陆能力。在太空飞行54小时，环绕地球飞行36周以后，“哥伦比亚”号航天飞机安全着陆，在4月14日下午，按计划又返回位于加利福尼亚州的爱德华空军基地。

至此，人类自由出入太空的美梦终于成真！

美好的愿景在太空缤纷绽放

人类探索太空的脚步永不停歇，发明创造的火花就会不断绽放。“哥伦比亚”号航天飞机的成功，极大地提振了科学家们的信心，也刺激了美国人征服太空的雄心。

随后，美国又陆续发射了“挑战者”号、“亚特兰蒂斯”号、“发现”号和“奋进”号航天飞机，共飞行达113次，运送的货物重量累计约1500吨，有近700名宇航员乘坐这种“交通工具”进入太空，并创下了另一组令世界震惊的数字：

航天飞机三次对“哈勃”太空望远镜施行太空手术，使“哈勃”一次次“起死回生”；

9次与俄罗斯原“和平”号空间站对接飞行，使美苏这两个冷战时期的航天“对头”握手言欢；

10余次向国际空间站运送部件和设备，使国际空间站的规模逐步扩大……

航天飞机为人类自由进出太空提供了很好的工具，是世界航天史上的一个重要里程碑。著名的航天飞机还有苏联的“暴风雪”号、“小鸟”号和“贝加尔湖”号航天飞机。

瞧，人类好厉害，乘坐“卡车”在太空中出入，竟然如履平地！

【科学链接】

▲距地面600千米以下的太空垃圾会在几年之内落回地面，而在800千米高度上的太空垃圾能够停留数十年，高于1000千米的太空垃圾，会在那里孤独地停留至少1个世纪，至于更高轨道上的太空垃圾想要返回地球更是遥遥无期。据专家估计，在1厘米尺寸以下的太空垃圾有数以百万计，令卫星或飞船防不胜防。

▲航天飞行条件比飞机恶劣：飞行速度从亚音速、跨音速、超音速、高超音速直到第一宇宙速度；飞越的大气环境，从地面稠密的大气层到几百千米的高真空。航天飞机的动力系统要求重复使用，必须解决适合大面积复杂结构的耐高温、抗冲刷、重量轻、能多次使用的高级防热材料和防热结构问题。这些都要依靠“高”“精”“尖”技术呢！

让人类的大脑“害羞”——计算机

在从蒙昧时代到文明社会的过程中，人类发明了轮子、杠杆、机床、电话、电视等。这些人类智慧的果实已经延展了人类的感官功能，促进人类社会不断发展。电子计算机的发明更是史无前例，对人类生活的影响是不可估量的，它让人类的大脑“害羞”——计算能力比世界上任何聪明的大脑都算得快、算得准！从第一台计算机问世以来的短短几十年间，它不断地更新迭代，已经发展成以人工智能为基础的，实现人机对话的智能计算机……

算术是人类生产生活的一部分。从原始人在绳子上打结、串珠子或在木棍上刻刀痕等办法来计算，到我国春秋时代的算盘的诞生，直到第二次世界大战以后电子计算机的问世，计算已经被广泛应用于政府公务、娱乐健身、天气预报、核武器研制以及航空航天技术中，不断推动着现代科技革命的进步。

会“算账”的机器

人有两只手，10 个手指，小时候我们常常掰着手指来数数。因此，人的手指应该是最早的“计算机”。在我国的计算历史上，算盘是很让国人骄傲的“计算机”，而在国外也有一些值得书写的计算机。

1623年,德国的卡什尔发明了机械式计算机,可惜当时没有人知晓，也没有被认可，所以人们普遍认为真正发明有特色、有创造性的机械式计算机的，是法国的帕斯卡。

帕斯卡出生在一个贵族家庭，爸爸是著名的税务统计师，也是一位很有些成就的数学家。帕斯卡从小就对数学有着浓厚的兴趣，即使在做游戏的时候也能列出各种数学公式，画出各种几何图形，对枯燥的数字竟然有着天生的无与伦比的热爱。

有一次，小帕斯卡帮助爸爸统计税务数据，拿着一叠厚厚的纸，进行着一次次繁杂的计算，直累得他们父子俩汗流浃背，心虚气短，帕斯卡开始决心发明一种会计算的机器！ 1642 年，19 岁的帕斯卡设计出世界上第一台机械式计算器。这台机械式计算机外壳用黄铜做成，长约 35 厘米，宽约 15 厘米，机器里装上了圆环和齿轮，能用连加的方法来计算乘法，连减的方法来计算除法。因此，人们称帕斯卡发明的这台机械式计算机是“会算账的机器”。

“现代电子计算机之父”

转眼又过了300多年。1946年2月15日是计算机发展史上值得纪念的一个日子。这一天美国宾夕法尼亚大学的莫尔学院喜气洋洋，许多人心情激动地来到莫尔学院，参加一个可载入史册的典礼，即人类历史上第一台现代电子计算机的揭幕典礼。这台机器名为“电子数值积分和计算机”(简称埃尼阿克)。它看上去完全是一个庞然大物，占地面积达170平方米，重量达30吨，耗电量也很惊人，功率为150千瓦，共使用了近两万个电子管，在工作时这些管子看上去活像两万只点亮的灯泡。它在1秒内能进行数百次的加法运算，这在当时已是划时代的高速计算机了。用它计算炮弹着弹位置所需要的时间，比炮弹离开炮口到达目标所需要的时间还要短，一度被誉为“比炮弹还要快的计算机”。

它的诞生与军事密切相关。第二次世界大战期间，莫尔学院电工系同阿伯丁弹道研究室共同负责为陆军每天提供6张火力表。这项任务十分紧迫而艰巨。每张表都要计算几百条弹道，而一个熟练的计算员用台式计算机计算一条飞行时间为60秒的弹道要花20小时，用大型的微分分析仪也要用15分钟。从战争一开始，阿伯丁实验室就不断从技术上改进微分分析仪，同时聘用了200多名计算员。他们决定研制更先进的计算机来完成这项艰巨的工作。后来，美国国防部给研究小组提供了一笔可观的经费，于是研究电子计算机的莫尔小组紧张地工作起来。当时，提出电子计算机的总设想的曼奇利不过30多岁，总工程师埃克脱当时只有24岁，数学家兼组织者戈德斯坦及逻辑学家伯克斯也都十分年轻。在一股神圣的使命感和创造热情支配下，他们敢想敢干，互相配合，终于研制出第一台电子计算机。

第一台电子计算机没有真正的存储器，为了让它计算一道题，一般要做几个小时甚至几天的准备工作，而真正计算只需要几分钟，可以说，非常麻烦。美籍匈牙利科学家约翰·冯·诺依曼一直想对这种计算机进行改进，特别是担任了阿伯丁弹道实验研究所顾问委员会委员、海军兵工局顾问等职务后，又参加了原子弹的研制工作，大量烦琐的计算，让他感到筋疲力尽，发明一种有实用价值的新型电子计算机，成了他梦寐以求的事情。

从此，诺依曼多次到莫尔电气工程学院，召集曼奇里、埃克脱、戈德斯坦等科学家，对电子计算机进行攻关，把第一台电子计算机一一拆开，在两个方面进行了改进：一是把十进制改成了二进制，二是把程序和数据一起贮存在了计算机内，这样，全部运算成了真正的自动过程。诺依曼对电子计算机的这种设计方案使他成为“现代电子计算机之父”。

1949年，英国专家威尔克斯根据诺依曼的研制方案，设计制造出世界上第一台程序存贮式计算机。这也是世界上第一台属于第一代的电子计算机。虽然它的结构复杂，价格昂贵，直到1956年美国总共才生产 1000 多台，可是，它为人类研制第二代、第三代电子计算机产生了巨大的推动作用，为人类的科学进步做出了较大贡献。如今，科学家正在研制新一代电子计算机，它的运行更加接近人脑，智能化程度更高，让未来的计算机更加精彩。

【科学链接】

▲算盘是中国传统的计算工具，是中国古代的一项重要发明。人们把算盘的发明与中国古代四大发明相提并论，认为算盘也是中华民族对人类的一大贡献。东汉数学家徐岳曾写过一部《数术记遗》，其中著录了 14 种算法，第 13 种即称“珠算”。它通过一套手指拨珠规则的运算口诀，就可解决加、减、乘、除等各种复杂运算，甚至可以开多次方。

▲超级计算机，被称为“国之重器”，是一个国家科技实力的重要标志之一。中国“神威·太湖之光”是由国家并行计算机工程技术研究中心开发，世界上首台运算速度超过十亿亿次的超级计算机，曾连续四次登顶全球超级计算机 500 强（TOP500）榜单榜首，两次获得世界超算应用最高奖的“戈登·贝尔”奖。根据测算，“神威”运算 1 分钟，相当于全球 70 多亿人不间断地运算 32 年。然而，我们也要看到，我国超算系统在软件研制、应用开发和人才培养等方面仍然有许多工作要做。

把世界变成“地球村”

——互联网

我们祖先所说的网是指捕鱼的工具，后来有了表示物质流通的电网、公路网、水利网等。20 世纪 70 年代，随着电子计算机技术的应用，诞生了局域网。到了 90 年代，形成了一个连接全球信息的大网，这就是我们今天所说的“国际互联网”。它像通向世界各地的“神经”，把世界变成了一个小小的“地球村”，人们只需要轻轻地点击一下鼠标，便能够迅速将世界各地的图像、动画、语言等信息“一网打尽”。互联网被公认为 20 世纪以来人类最重要的发明之一。

互联网的发明纯属“意外”。当时，研究火山和地震的专家不会想到他们为了解决沟通的困难，把岛上的主机联为一体竟然有了互联网这一项影响世界进程的伟大发明。可以说，他们事先根本不会有这么“远大的理想”，他们只是从立足解决眼前的实际问题出发，还没有想得那么多，用的方法也很简单，就是“加一加”。

从火山爆发中获得“灵感”

互联网的发明，像电话、电报等通信工具一样，也是一个逐步完善的过程。那么，人们是怎样想到把电子计算机连接起来，形成国际互联网的呢？这还得从美国地震专家研究夏威夷群岛上的火山爆发和地震谈起。

20 世纪 70 年代初，一个研究火山活动及地震预报的专家小组被美国政府派往夏威夷群岛。这个小组有几十位专家，分布在岛上的各个观测点，除了研究资料和必备的工具外，还带上了当时最先进的电子计算机，因为在计算各种繁杂的数据时离不开它。

“能不能把我们的电脑主机连接在一起呢？”一位爱动脑筋的年轻专家提出了自己的想法，“这样有利于我们交流研究出的各种数据。”

“嗯，好办法。”负责这个课题组的领导点头同意，“如果把岛上的各个大型电脑主机联在一起，能够让每位科学家及时了解对方的研究成果和研究进度，有利于实现成果共享。”

于是，这个课题小组借助无线电及电缆，使电子计算机上的信息能够迅速在各个成员之间交流。嘿，原本是要把课题组研究火山和地震的信息实现共享，却无意间诞生了现代国际互联网的雏形——局域网。

国际互联网形成

1975年，美国国防部通讯局得知这个小组的“发明”后，敏锐地认识到它的潜力。

“要首先把我们国防部的信息系统联系起来，这样，下达命令和传递信息更准确、更快捷。”通讯局的负责人请来了这方面的专家，有了影响世界的一个新“创举”。

这时候，人们还想起了电报的发明，希望电子计算机能像电报那样来实现人类的通讯方式“革命”。原来，在19世纪50年代，过去从华盛顿到纽约需要一周时间传送的新闻，在电报出现后只需要1秒钟。当1865年跨大西洋的电缆建好后，外交官和商人们不必再为知道大洋对岸发生了什么事情而等上6周时间。美国国防部也想通过电子计算机来迅速完成一场在战场上的信息传递“革命”，因为在战场上时间不仅意味着胜败，更意味着生命的存亡。

1983年，美国国防部的一个局域网能够在不同操作系统的计算机间传送信息，而并不依赖于中央计算机。同时，局域网被分为两个小网络，这就是美国国防部数据网络的雏形。它实现了时间和空间的跨越，充分表现了文字、语言、图像等多种信息沟通要素的大组合。

1990 年，军事专用的网络转向民用，实现了许多网络的大联合，不仅在美国本土，欧洲、大洋洲、亚洲等国家和地区都连接起来了，成了国际间互相连接的一张大网，即国际互联网。

互联网的快速崛起

伴随着光纤通信的发展，短短几十年的时间，互联网得以迅速发展，影响全球。

进入 21 世纪，互联网几乎进入到我国每一个城市现代家庭中，政府信息化、企业信息化也在如火如荼地展开。整个社会的数字化、信息化和产业化已经进入了一个稳步发展的阶段，网络成了一种朝阳产业，有力地拉动了经济社会的发展。

在现代社会，互联网的作用更加突出，甚至成了人们离不开的好伙伴。人们可以坐在家里上班，打开那台与办公室联网的电脑，就可以开始办公；通过视频电话，远隔千里也可以与参会人员进行面对面地交流探讨；可以利用互联网召开电视会议，交换文件或修改图纸；如果生病了，医生可以通过远程遥控的设备为病人诊断；可以通过互联网查找资料、阅读当天的电子报刊，访问遍布全球的数字图书馆、数字博物馆等；许多困扰人们日常生活的问题如交友、购物、就餐等，鼠标轻轻一点，足不出户就可以高效解决。

互联网，让世界眨眼间变成了“地球村”！

【科学链接】

▲在互联网深入应用的基础上，人们发明了 E-mail、即时通信、IP 语音、视频电话和多方通信等众多的信息沟通方式。1994 年起，互联网在我国“安家落户”。随着互联网在我国的深入应用，目前也已出现了网络广告、网络媒体、娱乐、IP 语音电话业务、视频技术、微信、抖音等更加丰富广泛的应用模式。

▲紫金山实验室联合未来网络产业公司、江苏省未来网络创新研究院，在全球范围内首次突破大规模广域确定性网络技术体系，并基于未来网络试验设施首次实现华为、新华三确定性设备异构组网。正式开通了覆盖北京、南京、上海等 35 个城市的广域确定性网络。该技术体系有望解决传统互联网拥塞无序的问题，推动互联网从“尽力而为”到“确保所需”的技术体系变革，支撑国家“东数西算”“碳中和”等重大战略，赋能远程医疗、智能网联汽车、元宇宙等对网络质量要求极高的重大数字经济应用领域。